U0024074

十年，

一場

全馬夢

3 次受挫

20 週密集訓練

一個中年女子的
全馬完賽實錄

盧秋瑩———— 著

攝影
Chris Heitmann

自序

～～～～～～～～～

2021年秋天，我的書《跑出最好的自己：一個中年女子以跑步學習愛與堅持的歷程》在台出版。該書敘述我如何從一個體育課需要補考的弱雞／肉腳，成為一名多年無休的素人跑者的歷程。書中並分享了我和青少年兒子一起跑步與參賽的珍貴經驗，以及有關跑步的食譜與歌單推薦等等。

寫作該書時，我雖有近十年跑齡，對跑步充滿熱情，也參加過數十場從5K到半馬不同距離的路跑賽，但尚未跑過全程馬拉松，主要的原因有二：第一，當初會開始跑步，純粹是因為感到中年體能衰退，希望藉由運動健身，而跑步相較之下單純，且符合我的作息與個性，也就是，跑健康的，並沒有想過有一天會去跑全馬。第二，隨著跑齡的增加，我確實報名過幾次全馬賽，卻因訓練時受傷或自覺準備不足，而馬前放棄。基於對全馬的尊重（或恐懼，一笑），我始終希望能有一定的訓練和準備後再上場。

2021年初夏，上一本書接近完稿，也確定身心皆備時，我再次興起全馬夢，積極地按照一份20週的課表操練的同時，並接受一位專業教練的速度與技巧訓練。該年10月中旬，我順利地完成了人生初全馬。

一如每位愛跑者，跑步帶給人數不盡的收穫：健康、快樂、挫折與希望之外，長期下來，它從外到內挑戰和改變了我。尤其全馬訓練期間，那些風雨無阻的練跑、課後修護與浸淫於跑步資訊的時光，盤踞了我的生活作息。那些穿越馬路、樹林、鄉鎮與林野的週

末長跑、單純而專一的獨處時光，深厚了我的中年人生。不難想像，初馬之後，全馬訓練與比賽成為我跑步生涯的一大部分。透過一次次的計畫與執行，我不僅得到更多與跑馬相關的知識與經驗，也淬煉出更堅忍的毅力與耐性。

這一段特殊的全馬訓練與比賽過程構成了本書的主要內容。

一如前書曾提到，我並非專業跑者，這不是一本教你跑出PR／PB的書，而是一名十多年來投身於路跑世界的中年女子的真誠分享。我愛跑步，也愛文字，衷心希望你從本書裡讀到一些有益、有趣、有感的跑馬資訊與心得，以及很多的信心與鼓勵。

希望你，不讓外在的雜音或自我懷疑，輕易打消一直想從事的計畫。

希望你，放下書後，也展開一場屬於自己的尋夢之旅，不論是去跑人生的第一場5K、初半馬或全馬，或是去做其他一直想做的事，祝福你健康而堅定地迎向那個夢想。

「只要下決心，夢想永遠不會太遲，起步永遠不會太晚。」

–C.S. Lewis

CONTENTS 目次

01 CHAPTER | 萌念，我想去跑一場全馬賽

📅 2021年5月9日：星期天。母親節。

　　素來早起的我，醒來後如常地躺在床上滑手機，迅速查過 email 和簡訊，略讀過重要新聞後，我突然想起了什麼，便迅速地登入臉書，再次搜尋一個過去數月來反覆查看、但打從去年至今尚未更新的粉絲頁：「灣州全馬與半馬賽」（Baystate Marathon & Half Marathon）。

　　出人意外地，今天眼前的頁面上跳出一則全新的影片，賽事女總監蜜雪兒在片中宣布：「賽事將恢復舉辦！」

　　「耶！」拳頭一握，我高喊出一聲，興奮之情雖沒有吵醒身旁沉睡著的另一半，也足以讓我完全清醒了。

　　過去一年多來，因為新冠疫情嚴峻，各地的運動賽程、尤其是參賽人數眾多的路跑賽全被迫取消或改成自主跑。終於，隨著疫苗的研發上市與疫情趨緩，各項賽事逐漸恢復，我也再度興起想去跑人生初全馬的念頭。

　　理想中，我的第一場全程馬拉松最好具備以下幾個條件：第一，不用舟車勞頓、跑太遠去參賽。第二，比賽季節不會太冷或太

熱。第三，賽道不是太挑戰，坡不要太多太陡。

全美的賽事雖不勝枚舉，但我所居的新英格蘭冬季又長又冷且地形陡峭，真正評估下來，三項條件皆符合的其實有限，數月以來，不時上網搜尋後，我發現，若以參加現場比賽為首要目標，本地一場叫做「灣州」（Baystate）的馬拉松最為適合。

這場美國田徑協會認證的半／全馬，由本地一個擁有數千名會員的路跑俱樂部所主辦，打從1990年開辦以來，除了去年被迫改成自主跑，每年固定於氣候宜人的10月中旬舉辦，相較於新英格蘭其他動輒陡坡連綿的賽道，它的賽道算平坦，許多跑者利用它來作為跨入波馬門檻（Boston Qualification）的賽程。我想，這樣一場正式而友善的比賽，應該很適合初馬者。

更美妙的是，兩年前搬家後，「灣州馬」的舉辦地點就在新家附近的羅威爾市（Lowell），意味著，屆時不論跑完或跑不完我都可以很快回家癱著，倘若萬一發生意外，家人救兵也可立即趕到現場，再理想也不過了。

因為該賽程具備了初馬的種種優點，一讀到它將如期舉行時，不難想像我的雀躍，尤其是在母親節讀到這則好消息，我甚至有點迷信地相信：這無疑是個好預兆。

早餐時，我收到先生送的室內盆栽和可長保溫熱的咖啡杯，後者在天涼的陽台上用餐或工作時很實用。海奕用自己打工賺的零用錢買的禮物，卡片上寫著：「媽媽，我現在大多時間在學校，妳看到我的時間變少

了，所以我送妳這個企鵝，代替我陪妳……。」

餐後，我如常出門去跑步。8英里（約12.87公里）中我有足夠的時間去消化剛剛讀到的消息，思考下一步。

幾乎固執地，我相信今年將是我的「全馬年」——多年以來想去跑一場全程馬拉松的心願將在今年完成。除了對26.2英里／42.2公里的神往，我如此堅信的理由還有：

1. 跑齡近十年，已累積了足夠的跑步體能、知識與經驗。
2. 規律地練跑與肌力訓練下來，體能目前處於最佳狀態。
3. 舊傷目前都算穩定，並無惡化的徵兆。
4. 年紀越來越大，再不去跑，以後可能會更難。

是的，我沒有再等待的藉口了，此時不跑待何時！

就這樣，我的腦袋忙碌地思索著，腳步同時忙碌地往前，隨著里數的增加，有沒有能力參賽顯得更清晰了。

與其坐在沙發上空想或書桌前做紙上演練，出門去跑步無疑提供了能否參賽的最佳評估。這時，所有的真實攤在眼前：如果你才跑了5公里就已體力不支，或發現對跑步毫無興趣，那麼很清楚地，要勉強去跑42公里，即使並非完全不可能，也保證會很痛苦。

跑著，想著，這時心中大致有了一些具體的結論：

● 跑完即將到來的一場半馬賽之後，開始執行一份16至20週的全馬訓練表。
● 除非完成一定的訓練，絕不輕易參賽。
● 人生初全馬，不求速度，以跑完全程為目標。

● 與家人分享我的決定和計畫，請他們了解我的訓練作息，予以支持（相信他們一定會的）。

參賽的思緒令人興奮不已，終於從其中抽離時，我注意到：新英格蘭的春天到了。眼前樹花遍開，尤其櫻花、澀蘋果和梨樹，滿枝燦爛。安靜的住宅區裡，藍天下，綠草上，或是一株粉櫻依著一棟白屋、白梨靠著藍窗屋，或滿枝淡紫的蘋果花盛開在紅磚牆前……，色彩繽紛的花樹與各式風格的房子安靜地陪伴著彼此，春天的人間透露著無限的活力與希望。

第二天，「灣州馬」正式開放線上報名，唯主辦單位決定採先接受報名，但延至9月才收費的作法，以減少屆時若必須取消比賽得處理退費和其他籌備上的麻煩。隨著接種疫苗的人口益增，美國疫情雖然減緩了，但為了防範任何未知，這樣的顧慮大家都可以接受，畢竟，這場疫情給生活帶來太多的變化與未知了。

登入報名網頁，填寫個人和預備的信用卡資料，按鍵送出。

人生初全馬，我（又）來了！

📖 全程馬拉松常用名詞

名詞	說明
半程馬拉松／半馬 （Half Marathon）	13.1英里／21.1公里。
全程馬拉松／全馬 （Full Marathon）	26.2英里／42.2公里。
超級馬拉松／超馬 （Ultramarathon）	26.2英里／42.2公里以上。
亞培世界六大馬拉松 （Abbott Six Major Marathons）	指世界最著名的六大全馬賽：東京、柏林、倫敦、芝加哥、波士頓和紐約馬，完成所有賽事者所獲得的「六星」獎牌被跑界視為極高的榮耀。
配速（Pace）	跑步時每英里或公里所花的時間。
最大攝氧量（VO2Max）	指身體在運動時的最大攝氧率。
乳酸閾值（Lactate Threshold）	乳酸在血液裡堆積的門檻。跑步時，乳酸的生產與消耗速度上升，累積過多時會降低肌肉收縮的效率，因此最好控制在乳酸閾值之下。
節奏跑／門檻跑／乳酸閾值跑 （Tempo Run，Lactate Threshold run）	通常指以比5K慢25-30秒的均速，至少跑20分鐘以上，此長度與強度正足以培養身體去除乳酸的能力和效率，長期練習有助於提高乳酸閾值，減緩疲勞感的到來。
間歇跑（Interval Training）	指以高強度快跑一段距離後，稍事休息，再進行下一段高強度奔跑。通常是以5K或更快的速度跑，接近或達到VO2Max的強度，藉此訓練以強化跑者的最大攝養量。
長跑（Long Run）	指的是任何超過16英里（或約25.75公里），但一般不超過20英里（約32.19公里）的練跑，旨在提升身體的耐力。
交叉訓練（Cross Training, XT）	指跑步以外，穿插肌力、重力和有氧等訓練，以提升整體的體能。
配速員／領跑員／兔子（Pacer）	賽道上提示時間的跑者，比如4:30的領跑員，跟著他們意味者可以實現跑進4小時30分的成績。

名詞	說明
晶片成績／淨成績 （Chip Time／Net Time）	號碼布上計時晶片所記錄的成績，也是最終的比賽成績。
槍聲成績（Gun Time）	槍響至完賽的成績，因為每個選手起跑的時間不同，一般比晶片成績長。
個人最佳成績（PB或PR）	Personal Best指個人最佳成績，普遍使用於美國。Personal Record指個人最佳紀錄，普遍使用於英國、加拿大和台灣等地，兩者可以互換，都指個人在特定賽事或活動中的最佳表現。
撞牆（Hit the Wall）	指當身體的醣原消耗殆盡時，出現暈眩、嘔心、有心無力、厭跑等身心狀況，通常出現在20英里（約32.19公里）或之後。
未能完賽（DNF）	Did Not Finish
完賽時間（Sub X）	比如Sub 4指在4小時以內完賽，Sub 5指在5小時以內跑完。
關門時間	指比賽的截止時間。有些比賽還有分段的閘門，一旦被關閉就等於沒有完賽。
波馬達標時間 （BQ, Boston Qualification）	除了達標時間，波馬另有「錄取低標時間」（Cut-off Time），報名者即使達標，還必須減去cut-off time才能正式被錄取。
能量膠／能量棒 （Energy Gel or Stick）	長跑或比賽時便於攜帶的能量與電解質補充劑，通常一包100卡路里，含22-25克碳水化合物，視體重、年紀、性別與跑速等，一般跑者通常會攜帶4-6包。
凡士林（Vaseline）	長跑或馬拉松比賽用的潤滑劑，以防肌膚與濕黏的衣服產生摩擦所導致的破皮與紅腫。塗擦部位：跑步內衣下沿（女性）、嘴唇、腋下、大腿內側、腳底、腳趾上與之間，另，男士的乳頭（亦可用乳貼）。

02
 CHAPTER | 曾經，馬前的臨陣脫逃

回首來時路，這並非我第一次興起全馬夢。跑齡十年，參加過數十場路跑賽的我，曾經三次在全馬陣前脫逃。沒錯，三次！

第一次是2017年。

時光倒回2016年10月底，近半百的我跑出了一個半馬PR／PB（個人最佳紀錄／成績），自我證明了「年紀更大，還是有可能跑得更快」；尤其，那是我全程感覺最好的一次半馬，賽後不但雙腿不再痠疲得上下樓梯都叫苦，那也是第一次，我發現跨過終點後還有走路與談笑的餘力。顯然地，幾年跑下來，我的體能明顯地進步了。

或許是那份新的發現帶來的信心，或許是跑步上了癮，那天，當我拖著沉重的腳步，上了C（我先生）的車準備回家時，我突然對一旁的他宣布：「接下來，我想去跑一場全馬賽。」（真是天外飛來的狂念，那一刻，過去兩個小時的折磨都還沒完全『享受』完呢，竟然狂想加倍距離。）

後座，一貫陪我參賽、為我加油的海奕一上車就戴回耳機，以一聲「Good night！」暗語表達青少年不願被打擾的狀態後，沉入他的音樂世界裡，顯然沒聽到我的「雄心壯志」，比較奇怪的是，C這時也不發一語，異常地沉默。

　　週日上午的高速公路車流稀疏，順暢地向前直行，兩旁的樹葉雖仍茂密，但新英格蘭的秋天已悄然從樹梢往下，染出一片片褐黃與紅橘。

　　初馬的狂想雖如一顆憑空投下的炸彈，但我確知自己的動機：就像一個登山之人，來到半山腰或一座較矮的山頭，仰望著前方更高的山嶺，久而久之，不免心生嚮往且躍躍欲試，不免想登上那峻嶺高峰，看看那兒究竟是一幅如何更壯盛的風景？雖然隱隱地知道，去攀登那高山肯定會是一段（更）痛苦的過程，但若能再進一步地挑戰自己，將會是一件多麼令人激動與滿足的成就啊。

　　身心挑戰之外，去跑一場全馬賽也是我想給當時即將邁入50歲的自己，一個向辛苦了半輩子的身心致意，重新調整腳步以迎接下一段人生的機會。我神往如美奧運跑將兼作家傑夫・蓋洛威（Jeff Galloway）所形容的：「跑完一次全馬會讓你感覺像一名冠軍，並且積極地改變你的生活。」

　　回顧大半生，晝出夜入、長期伏案的生活累積之下，如籠居之獸，身心鬱滯，一天醒來，已入中年，生活雖逐漸安穩，外在的責任也可以慢慢地放下；然而令人措手不及地是，周遭的親友開始病老離去，這時，難免思索：此後，餘生極可能比過往來得短，如何花更多的時間與精力在自己和所愛的人與事上？如何更專注於打造出無悔的人生？如何更努力去實現未竟之夢？

　　這時，有人離開了無生趣或不再抱存希望的婚姻或職場，有人完全改變職場與人生跑道，有人去西藏靈修，有人如我，想去跑一場全程的馬拉松。

　　或許，也不一定冀望透過這個尋夢的過程而有什麼驚天動地的蛻變，只是單純地想挑戰一下自己的身心，至於過程或結果會是

如何，不妨暫時讓它維持是個謎。

車內，隨著腦中與自己進行的各種對話，跑全馬的念頭如一顆興奮的氣球，脹滿胸懷。

身旁，彷彿過了日夜之久，C終於輕吐了一句：「妳不一定要去跑的。」

什麼？！這個男人的反應太令人訝異了，尤其跟四年前，他慫恿我去報名初半馬賽時相比，簡直是南轅北轍。那一次，我除了先前一場10K之外，毫無比賽經驗，報名前，當我跟他提到內心的擔憂時，他的回答乾脆俐落：「妳能跑完10K，就能跑完半馬（13.1英里／21.1公里）！」

然而這次，這個向來最支持我的男人不但少了那份熟悉的鼓舞，對我這突來的狂想似乎有點不知所措，甚至反對，實在太不像平日的他了。我猜想，他可能覺得若如平常一般地熱烈支持，屆時我跑出個什麼差錯，重者受傷，輕者訓練過程中哀叫埋怨，對朝夕相處的他而言都是一個「苦」字；但，若不表贊同，又顯得打擊了我的興致與士氣。

最後，這位素來積極樂觀的先生終於迸出一句：「那麼，妳得好好地想想，該如何開始訓練。」聽得出語氣中仍帶著幾絲擔憂。

其實我完全可以了解C這次為什麼不像以往總毫不遲疑地推波助瀾，跟我一樣，他很清楚全馬對身心的挑戰，甚至可能帶來永久的傷害。

全馬為什麼難？難到全球僅有0.01%的人曾經完成過一場馬拉松比賽。（根據RunRepeat網站2019年的調查。這個數字雖微舊，但依然是至今最全面的統計。）

如果你把它當成一次長距離的慢跑，或許不那麼困難；但如果你

全程用一定的速度去跑，26.2英里（42.2公里）確實是非常困難的。

生理上，跑如此長的距離時，全身必須承受高度的壓力，不但雙腿得撞擊地面數萬次，筋骨肌肉可能遭受創傷，為了提高各器官所需的血氧量，心臟必須持續加快，呼吸必須變急變深。心肺負荷沉重之外，其他如體內的賀爾蒙、鉀、鎂等電解質也都會受到干擾，當準備或補給不足時，極可能導致身體的耗竭，嚴重時甚至危及生命。就算跑完且身體無大礙，光是那些跑馬「撞牆」時虛脫、暈眩、抽筋、最後得用走或爬的完賽……，種種駭人聽聞，也足以令人退避三舍了。

縱使全馬之途如此令人生畏且遙不可及，縱使沒有獲得另一半立即的熱情支持，那一天，那一刻，正處於賽後「跑者嗨」（Runner's high）的我，憑著天生一股憨膽，已把全馬的種子植入心田。

許下全馬宏願之後，天氣很快轉冷了，我所居住的新英格蘭進入了長達5個月的冰冷冬季。此時，盡可能抓住天氣稍好時的路跑機會之外，我靠著室內跑步機維持里數。

11月底的感恩節之後，我們全家如常飛往溫暖的佛羅里達州。寓居的坦帕灣（Tampa Bay）畔，連綿的步道和15至25℃的陽光氣候，提供了極佳「移地訓練」的環境。

「明天跑步嗎？」我們仨常會問彼此。

清晨，小公寓的廚房裡，我做了飽含碳水化合物、蛋白質和其他營養質的簡單早餐，三人吃完稍事休息後便連袂出門，面對大海做完暖身，起跑時，陽光已又赤又豔。

父子倆領先，我們沿著公園與海灣之間的海岸步道而跑。日光閃爍海面，無遮掩的視野，無遮掩的烈陽。釣魚的人把剛上鉤的魚攤在水泥道上，牠們或在網裡翻跳掙扎，或魚尾無力地搖擺，白色的魚鱗沾黏在潮濕的水泥地上，空氣裡嗆著刺鼻的魚腥味。抵達最近的一座跨海白橋後，三人如約掉頭，跑向市區的終點。全程5、6公里，正好維持我的基本跑量。

三人的速度不一，我們約定跑完後在臨海的一家法式小咖啡館會合。遠遠地，我看到露天座位旁，已拿下耳機、脫下跑帽的父子倆正踱步收操，等著我。

「你跑得怎麼樣？（How was your run?）」我們總互問。

咖啡館裡，先生和我習慣各點一杯冰的豆漿拿鐵，分食一個剛出爐的可頌和一顆鮮橘。有時，除了喜愛的早餐之外，兒子會加點一小杯義式冰淇淋或一個馬卡龍以犒賞自己。何不呢？發育中的男孩跑得滿身大汗、雙頰紅熱、健健康康地。

海岸四季陽光飽滿，氣候炎熱，規律地跑步與游泳之下，海奕和我很快變得更黝黑，C則更努力地防曬，他那白皙的皮膚一不小心就被曬紅。

持續的練跑讓我想去跑全馬的決心更堅定，接下來，我必須找到一個適合的賽程——一個讓人興奮緊張得睡不著、槍聲後甘願踏

出千百萬步、既自豪也可能痛哭流涕叫不敢……，老實說，眼前實在無法想像究竟會如何的賽程。

搜尋研讀美國眾多全馬賽程之後，身處美東的我有兩個較為適當的選擇：第一是每年於10月舉辦的緬因州「波特蘭馬拉松」；第二則是，明年1月的佛州「聖彼得堡馬拉松」。（當時還未搬家，對「灣州馬」還不熟悉，因此並未考慮。）

兩者中，緬因的波特蘭馬於秋天舉辦，還有整整一年夠我做準備。它不是超大型，且是車程可到的城市，顯然很適合把初馬交給它。

「我想明年10月去跑波特蘭的全馬賽，」有一天跑完步，走在陽光的沿海步道上，我跟C和兒子宣布。

「告訴我時間和地點，我們要陪你去，」C拿出手機，查閱當地所屬會員的連鎖旅館：「到時波特蘭人一定會很多，我們趕快把旅館訂下。」「不急，還久呢。」我說。

一發現訂房容許取消後，他滑滑刷刷，兩三下就把房間定下了，「如此一來，更能激勵妳成行。」他說。

旅館雖訂了，但我還是下不了報名的決心，只是有事沒事就再去讀一遍關於那些賽道坡度的描述，希望從往年參賽者的留言裡，找到較具鼓勵性的字眼。我不時想像自己，剛過半馬，體力已透支，而眼前赫然出現一座如山的陡坡，我該如何征服？如何撐到底？稍一想多了，雙腿已發軟，一股沉重的壓力襲捲而來。

但，一如每次面臨新挑戰時，我自問：「最壞會怎樣呢？」就是爬回來吧；況且，若真不行，賽前取消總可以吧。

12月31日，2016年的最後一天，我上網填好個人和付費資料，突然，心裡還是不確定，我換上球鞋，走出公寓，沿海跑了一

圈，把2016年預定的總里數跑滿。

回到家，梳洗完畢，身心舒暢，不知不覺又流連到筆電螢幕前，這一次，想也沒多想，手指按下輸入鍵，送出，完成報名。

2017年10月1日，緬因州的波特蘭馬拉松成為我計畫的第一場全馬賽程。

但誰知，接下來的訓練之路並不如預期般順利。

終於等到新英格蘭的春暖花開，距離波特蘭馬只剩不到半年。

6月初，我又回到半馬的賽場上。

每年春天（是的，6月在新英格蘭仍屬春天）於麻州東北角舉辦的「雙龍蝦半馬賽」對我別具意義，它不但是我所參加的第一場半馬賽，也是海奕和我一起參與的首場賽事——他負責1英里（一隻龍蝦），我負責繼之的半馬（第二隻龍蝦）。

這一次，除了履行和兒子再度相偕參賽的約定，我也想藉此確定一下展開全馬訓練之前，體能無虞。

一個風和日麗的早晨，起跑線前，海奕首先上場，等著接續比賽的我，全神貫住地注視著人群中的兒子，緊張的程度遠超過自己參賽。

1英里必須全程衝刺，起跑後，這個13歲的男孩全力以赴，很快地，便見到他轉折回返，遠遠地向終點線飛奔而來。這一天，他以6'26"／英里（4分／公里）的速度奪得男子組第三名。

隨之，我與其他半馬跑者也上路，沿著港灣市區和大西洋岸而跑。這是我很熟悉的賽場：

1.3英里（約2公里）處，第一個上坡。

1.7英里（約2.7公里）處，歸航的漁船靜泊在清晨的港灣。

2.4英里（約3.8公里）處，經過我們全家很喜愛的「達克沃斯」酒館（Duckworth Bistro）。這間只有約十個座位的小餐廳，素為本地學者與藝文人士青睞，一位難求。我們三人喜愛坐在小吧台前，或與調酒師蜜雪兒天南地北地聊，或雀躍等待著主菜之後，那道讓人充滿幸福感的香蕉麵包烤布丁。

3.5英里（約5.5公里）處，一棟棟朝海的別墅出現眼前。每年這一天，這群住家會特地為比賽而開放平日「閒人勿進」的馬路，跑者得以盡賞他們修剪整齊的庭院、倚白牆綻放的花叢、豪華氣派的大房子後隱約可見的碧海藍天。

5至10英里（約8至16公里），一望無際的海面上，船影點點，波光粼粼，烈陽無遮。沿著大西洋岸來回的這段起伏，賽者通常會開始感覺困難。

　　掙扎過10英里（約16.1公里）處的陡坡，再度回到鎮上。11英里（約17.70公里）處，我的右膝痛了起來，自我逼推再逼推，終於咬牙跨過終線。

　　雖然又跑完一場半馬，我卻焦慮了起來，明顯地，我的訓練尚不足，面對接下來近四個月的炎熱天氣，我能否訓練得更順利、更充分？

　　安撫自己先不去想太多，很快地，我正式進入全馬訓練期後，開始按表操練；誰料，一個高溫悶熱、雲層低沉的早晨，當我跑到8英里（約12.87公里）時，只感覺左膝蓋外側「咖」了一下，心裡大喊：「歐，不好了。」我稍微改變使力點與姿勢，把重心放在

右腳上以減輕左膝的負擔，但隨著里數，疼痛不但不減且惡化，當下我知道，自己再度受傷了。

數年前因為前方一位老先生突然暫停腳步，快跑中的我不得不煞車而拉傷右腿外側的髂脛束（ITB），如今，我的左腿（好腿）也加入了傷兵陣營。

休息數日後，我勉強上路，剛開始的數英里還可以應付，但我心裡很清楚，若要撐完全馬是不可能的了。

9月中，我忍痛取消了10月1號的波特蘭全馬。

之後，我繼續跑、繼續參加半馬、10K和5K等較短距的賽事，但全馬夢始終在心裡。

隔年（2018）春天，腿傷大致穩定後，我幸運地抽中了「海軍陸戰隊全程馬拉松」的參賽權。這場每年秋天在美國首都華盛頓DC舉辦的賽程規模龐大，以觀眾熱情、經過阿靈頓國家公墓、林肯紀念堂等歷史景點而高登美國跑馬者的榜單，能抽中籤，不難想樣我的驚喜。然而，天不從人願，暑訓裡有一天，跑到14英里（約22.5公里）處，當來到一段長陡的下坡，我不夠強壯的臀肌無力支撐雙腿，失控之下拉傷臀肌，運動傷害再增一筆，也再次與全馬賽失之交臂。

無三不成禮，兩年之後的2020年春天，我報名了佛州的「聖彼得堡馬拉松」，然後不用說你也猜得到，沒錯，賽前練跑到18英里（約28.97公里）時，我發現自己已拖曳慢行、跑姿潰散，考

慮接下來8英里（約13公里）恐怕得用極慢甚至走的完賽，並不符合素來「全程用跑的」參賽原則，我決定改成參加該比賽的半馬項目。

比賽日，起跑線前，2月的南方海岸天色仍未亮。置身於熟悉的海港城市街道中，我感到一股身心安適的穩定，與年輕跑者亦步亦趨總叫人忘了年紀。那一天，雖然因為程式停留在北方日前的室內跑步機設定，錯覺之下，以為夠快而不察配速已出現落差，成績只比上一場半馬快了26秒，欣慰的是，經年練習的雙腿一次比一次更強壯，跑完稍事休息很快就恢復了。

每一場參賽，我的心裡總是既滿足又感恩：感謝天氣，感謝跑步，感謝主辦單位與義工，感謝自己……。這一天，流連於風清日朗的海岸終點線旁，眼看全馬跑者也陸續地跨過終點，我心中更是深受激勵。一個精疲力盡的半馬賽者很難想像，當前方還有漫長艱辛的13英里（約21公里）時，該如何堅持與忍受？而眼前這些以三、四小時完賽的全馬跑者所展現的毅力與體力，多麼令人讚佩。（那一刻，我完全想不到，3年後，我也會成為跨過這條終點線的全馬賽者之一。）

這場比賽之後，我持續地跑步與參賽，也不斷地閱讀各種有關馬拉松的書籍與資訊。

我持續逐夢中。

🗐 如何評估你已具備參加全馬賽的基礎

　　基於個人不同的體能與跑齡，跑馬的條件並無一定的標準；然而，顧及全馬訓練與比賽對身體的高度耗損，多數的教練會建議你，若要避免受傷、獲得最佳的訓練與比賽經驗，最好具備下列條件：

1.跑齡一年以上，至少訓練和參加過一場半馬賽。

2.願意花四到六個月的時間投入於一份訓練表中。

3.能夠逐漸延長至12英里（約19.31公里）以上的長跑距離，並能重複數次。

4.訓練期間能維持週跑量20英里（約32.19公里）以上。

5.每次都能輕鬆地跑完8-10英里（約12.87-16.09公里），或至少跑完不至於痛苦不堪。

03 CHAPTER

逐夢，20週的全馬訓練

「你必須設定目標，才能更努力地逼推自己。」

——「地球上最快速的跑者」牙買加前短跑健將

尤賽恩·博爾特（Usain Bolt）

馬拉松是台上十分鐘，台下十年功，想順利地跑完得靠平時的訓練和準備。凡事豫則立，一份適合個人體能的訓練表，能幫助跑者循序漸進地累積實力。確定參加10月的「灣州」全馬賽後，一如之前，我以數份為初馬賽者設計的訓練表為依據，評估調整後，訂出了一份屬於自己的課表。

擬定訓練表時，我提醒自己必須切實際，以免徒增計畫無法完全履行或失敗的機率。因為進行的是一個純粹的自我挑戰與對自我的承諾，我也必須對自己誠實，謊報或虛報訓練過程與成果，除了自欺，並

無意義。

一般而言，菁英或專業跑者會由其專屬教練客製課表。對於業餘跑者，跑步書或網路上供以參考的訓練課表琳瑯滿目。跑距上，不論是5K、10K、半馬或全馬賽，速度上，不論是以跑完為目標的初賽者，或是追求特定完賽目標的經驗跑者（Sub 5、Sub 4等等）都可以找到參考的依據，其中又以霍爾‧希格登（Hal Higdon）為新手到老將所設計的詳盡訓練表，以及傑夫‧蓋洛威所提出、跑／走混合的「蓋洛威方法（Galloway Method）」等最著名。另外還有一些訓練表號稱可以在「12週」內幫你達成目標，或者1週只需跑3天即可。到頭來，必須注意的是：基於體能、跑齡與經驗的不同，每位跑者都是獨一無二的，只有你知道個人目前的體能狀態，有多少時間練跑，需要多少休息，只有你最清楚自己適合什麼樣的訓練表。

自我評估後，我的的課表大致如此：

● **總共20週。**
● **每週跑4天，最多不超過5天。**

原則上：週二，輕鬆跑，週三，間歇跑，週五，輕鬆跑（訓練前後期）或節奏跑（訓練中期），週日，長跑。不跑步的日子則進行肌力訓練，或從事較輕量的運動如瑜伽和騎車做交叉訓練。

● **長跑距離不超過20英里（約32.19公里）或3個半小時。**

跟很多人一樣，剛開始我也質疑：只練到20英里（約32.19公

里），到時能跑完26英里（約41.84公里）嗎？針對這一點，希格登教練的回答是：「20至26是一個神聖的領域，你只有在別上號碼布時，才被允許進入那片領域。」這個解釋聽似崇高，其實更主要的理由是，一旦跑超過20英里，身體需要更長的修復期，否則可能大大提高受傷的機率，整體的經濟效益並不高。尤其對新手而言，希格登發現，20英里以內是他們不至受傷、足以承受的最高里數。他舉例自己在體能盛期，全馬訓練期間曾實驗性地跑到31英里（約50k）以上，卻發現那只會「擊垮自己」——（希格登的《馬拉松終極訓練指南》"Marathon - The Ultimate Training Guide"）

另一位教練，比爾「醫生」·溫馬克（Bill "Doc"Wenmark）倒是建議跑者跑超過26英里，但只針對參賽過10場以上的全馬跑者，「如果你要成績進步，練習超過的距離會有助益。」他認為，「跑超過26英里，那個經驗對建立跑者在比賽最後一段里程的身體與信心都有幫助，但是比賽前6週內，我並不建議跑那麼長的距離。」

這些長年訓練菁英選手的教練一致認同，雖然只練跑至20英里，幾乎大多初跑者，屆時都能夠跑或撐完最後的6.2英里（約10公里）。

至於執行上，我提醒自己：

● **確實地規劃休息日**

休息是維持健康的關鍵，身體與心理皆然。很多跑者天天跑，極少休息，如果其中有摻入一些輕鬆跑或短距，那還好。如果距離

越拉越長而無休息，是自找麻煩。心臟科醫生／檀香山馬拉松的創辦人斯卡夫博士（Dr. Scaff）甚至說過：「任何剛開始跑步的人，第一年一週就跑超過五天，受傷的機會是百分之百。」

● 更注意睡眠與飲食

充分的睡眠是運動員的修護利器，除了提供肌肉組織更多進行修護的時間，早早就寢，提早出門練跑，還可抵抗炎夏的燠熱天氣。

飲食上，更注意碳水化合物、蛋白質與脂肪的攝取：一般而言，我們每日的飲食熱量分配大約是碳水化合物45-60%、蛋白質10-25%、脂肪15-30%；然而，運動營養學家會建議，逢馬拉松訓練期你可能需要：碳水化合物55-60%、蛋白質20-25%、脂肪20%。

● 認真地執行核心與肌力訓練

過去幾次的受傷讓我很清楚，唯有更強壯的體能才能承受更多的訓練和預防傷害，因此，我確實地把肌力訓練，舉凡重量、核心與平衡力訓練規劃入課表裡。

● 保持耐心

20週看似漫長，我提醒自己不要有太多壓力，放輕鬆，建立樂趣和信心才能長期作戰。

● 尋求支持

訓練表將是我接下來近五個月的生活一部分，因此我確定家人知道我的計畫，尤其到後期，週末的長跑可能佔去與家人相處的時間，跑完後也很可能累得慘兮兮，請家人多配合和包涵。

● 以完賽為目標

報名表上，我在預期的完賽時間上填下「5個半小時」，但事實上，對於生平第一場馬拉松，我真正的唯一目標是：完賽。

是的，只要能順利地（不受傷不崩潰不中輟地）跑到終點，就算達成目標了。因為是第一次，我尋求的是經驗，過程勝過結果，完賽勝過一切。

更重要的是，不管我如何周詳考量，發揮想像，閱讀或聽取了多少跑者的經驗談，我依然不知道全馬跑起來究竟是什麼樣子，那天的氣候會如何？賽道？體能？會不會不巧生病？如果我斷然設定一個時間目標，到時若因種種未知而無法達到呢？再者，假如我設定一個目標時間，比如說5個小時，萬一最後以5小時零5分鐘完賽呢？是否表示，所有的艱難奮鬥，就因為差那5分鐘而不算數？數月的訓練，所有準備，就因為沒有達到預期目標而打折扣？

不不，那樣太不合理，也對自己太不公平了。

因此，我決定只抱持一個目標，盡力訓練後，只要能以一定的時間跑到終點，就要為自己歡呼，因為我做到了。

　　望著這份密密麻麻寫滿日期與里數不斷增加的表格，我知道這個訓練表代表著千百萬個腳步、無數小時的風吹日曬，無疑地，眼前是一條難以預期之路，但我也知道過去以來已經累積了一定的能力，決定去跑一場全馬並非一時興起或貿然投入；況且，前賴比瑞亞女總統兼諾貝爾和平獎得主艾倫・強森・瑟利夫（Ellen Johnson Sirleaf）不就說過：「如果你的夢想不讓你感到害怕，表示你的夢想不夠大。」

　　就這樣，懷著興奮、期待又有點害怕的心情，我正式展開了人生第一段20週的馬拉松訓練期。

📅 2021年5月31日（第1週）

> 「千里之行，始於足下。」
>
> ——老子

　　訓練的第一週即碰上早先安排的體檢，因為禁食和飲食的限制，我不得不做一些訓練上的調整。

　　星期二跑完4英里（約6.44公里），星期三開始禁食，星期四做完檢查休息，星期五跑4英里，星期六做肌力訓練，星期日跑6英里（約9.66公里）。跑量明顯並不多，然而，身為一個年過半百的跑者，長訓之前能確定自己健康無慮，就是最好的開始。

　　心情上，因為剛開始進行訓練，距離比賽的日期還遠，課表上要求的里數也比較少，我享受著初期的輕鬆感，同時也提醒自己，不要一直去想後期的跑量與跑距，不要自己嚇自己，專注於眼前，一天一天、一週一週，循序漸進地完成每一次的訓練。

「Off to a good start!（一個好的開始！）」我在課表第一行的空格處如此寫下。

❖ ❖ ❖

2021年6月7日（第2週）

「如果你想要得到從未擁有的東西，你必須去做一些從未做過的事。」

——湯瑪斯·傑弗遜（Thomas Jefferson，美國第三任總統）

週六，陽光燦爛的好天氣，我移到陽台上做肌力訓練。

我並非天生強壯的人，一度還是個作息頹靡的假文青；然而，這幾年的鍛鍊下來，我愛上了肌力訓練所帶來的全新穩定與平衡力。

對於跑者，肌力訓練（strength training）是保護肌肉與骨骼的基本。跑步時，腳撞擊地面時的受力是體重乘以2.5至3倍，不難想像，每跑一步帶給身體尤其是關節、韌帶和筋骨的壓力，如果不好好地增強與保護它們，跑了一定時日後肯定會受傷，而最好的保護方法無疑是強健肌肉與結締組織，提高它們承受地心引力與體重的能力。更何況，肌力越強壯時，每一個腳步所消耗氧氣的時間越短，跑步的效率越高，整體表現會更好。

不只是跑者，強健的肌力對每個人同樣地重要。小至日常生活的上下樓梯、騎車時緊急煞車踏地，大至從事各種較為激烈的體能活動，強壯的筋骨肌肉不但能減少受傷，帶給身體穩健與平衡，還

能保持身體的彈性與活力。

　　根據哈佛醫學院的研究發現：30歲之後，若無規律地運動，人們每十年會流失3%至5%的肌肉量，因此，建立肌肉量（muscle mass）不但能讓身材更結實，更強壯地支撐骨骼，增進關節的彈性，還能減低背痛、關節炎、心臟病和糖尿病的機率，對中老年人尤其重要。

　　肌力訓練不一定要上健身房（當然有專業的教練指導會更好），在家可利用啞鈴做重力練習之外，毋需器材的，舉凡深蹲、伏地挺身、平板支撐等，都是很好的鍛鍊，最重要的是循序漸進、有耐心。

　　網路上有很多肌力訓練的示範與資訊，以下是我平日常做的幾個基本練習，在家隨時可以進行，每套動作做10次或30妙，整套重複1-2次：

深蹲（Squats）

　　跑者需要強健的雙腿以保持不斷地前進，因此強壯的臀肌至為重要。深蹲可以加強你的四頭肌、臀肌、腿後肌群和核心，也有助於建立良好的跑姿和預防受傷。

作法

站直，雙腳與肩同寬，雙膝彎曲，臀部往後推，脊椎保持自然不僵滯，胸部挺直，膝蓋不超過腳趾尖，蹲到最低點後，慢慢站立。動作緩慢而有控制地重複10次。升級：同時手握啞鈴。

弓箭步前蹲（Forward Lunges）

除了強化你的大腿四頭肌、腿後肌群和臀部，蹲步有助於提高髖屈肌的彈性、強化臀部及其周邊的肌肉，對身體整體的平衡與靈活度都很有幫助。

作法

雙腳與肩同寬站好，右腳向前邁出一大步，左腳保持原地，雙手放腰際，兩膝彎曲約90度，穩定稍停留後，右腳向後站回原來的位置，重複10次。練習時，前膝保持在腳趾的後方，上半身挺直，完成後換腳練習。升級：同時手握啞鈴。

側蹲步（Side Lunges）

側深蹲鍛是鍛鍊腿的內外肌肉以及臀部，增強下半身及腿部力量的絕佳運動。

作法

　　雙腳與肩同寬站好，右腳向右跨出一大步，腳尖指前，體重移至右腳，彎曲右膝蓋，身體向右側下推，左腿保持伸直，背部挺直，雙手合掌輕放胸前，根據個人柔軟度持續下降，確保膝蓋不伸出腳尖。保持此姿勢數秒後，把右腳推開，站回起始的位置。換左腳，重複相同的動作。每側各做10下。升級：同時手握啞鈴。

單腳硬舉（One-Legged Deadlifts）

　　跑步基本上是一連串從一條腿跳到另一條腿的動作，單腳硬舉可以強化你的腿後肌和臀部，提高平衡力。

作法

將重量放在左腿上，專注於核心，從髖部向前彎曲，右腿在身後抬起，脊椎自然中立，身體前傾，穩定數秒後，慢慢地回到站立的位置。重複10次，換邊。升級：同時手握啞鈴。

臀橋（Glute bridges）

不僅強化你的臀肌，也有助於你的核心和燃燒脂肪。

作法

仰躺在地上，膝蓋張開約與肩同寬，雙腳踩地，膝蓋彎曲。慢慢提高臀部，收緊臀部，緊繃腹部。提高臀部時，注意不要拱著背，盡可能提高臀部使肩膀到膝蓋之間成一直線。臀部提到最高點時，緊縮你的臀部，保持幾秒鐘後再慢慢地有控制地將臀部放回地面。上下重複10次。升級：提高臀部時間增長，同時輪流抬高和放下單腿。

板式支撐（Planks）

強健的核心對於良好的跑姿和預防受傷至關重要。

作法

　　俯臥撐在地板上，手肘彎曲，身體降低，前臂和腳趾著地，身體像一塊長木板般挺直，中樞不要下垂或抬起背部或臀部，縮緊腹肌和臀肌，保持60秒（如果一開始無法堅持一分鐘，可以分次做）。

爬山者（Mountain climbers）

　　極佳的全身運動。除了核心，還鍛鍊你的肩膀、胸部和腿部。

作法

以高平板姿勢開始，雙手放在肩膀下方，從頭到腳呈一直線。將右膝向胸部拉近，同時保持左腿伸直向後，快速交替雙腿，將右膝返回起始的位置，同時將左膝拉近胸部，如跑步或登山般地，雙腿快速交替移動，同時保持身體的穩定。整個過程中背部保持平直，雙手穩定地放在肩膀下方。一次練習30秒或30次。

俯地挺身（Push-ups）

鍛鍊上半身的大部分肌肉及核心。

作法

從高平板姿勢開始，雙手和腳趾著地，比肩膀寬一點，將重量稍微往前移，手腕、手軸和肩膀保持一直線。身體挺直，慢慢地彎曲手軸，將胸部降低至地面，向上挺，手軸打直，回到開始的位置，依照體能重複動作，注意保持良好的姿勢。

剛開始，也可以膝蓋跪地支撐，從半型的伏地挺身開始練起。

星期天。

跑步時常會經過的住宅區裡，有一條叫做「檜柏」的路，路兩

旁的綠草上座落著一棟棟各式設計的住家，是一片很典型的新英格蘭郊區。路一開始是一條約400公尺的平坦直道，接著是一段長陡的下坡，坡下左邊住著一對老夫婦：貝蒂和先生約翰。

天氣好時，我常見兩老在庭院裡種花蒔草，把房子四周整理得有緻有序。有時跑過，我會對他們揮揮手，兩人總會放下手裡的活兒，微笑回應；感覺是一對和善但不多話的老人。

庭院的工作永遠也忙不完。入春之後，每跑過老人家門口，可見屋旁陽光充裕的菜園裡，土已整好。準備舖在花床上的木屑堆在石磚門徑上，只待新花入土後，即可鋪上以護花並保持水分。

初夏時，老人屋牆旁的鳶尾花與山杜鵑盛開，色彩繽紛。有一天，我有機會和屋主老婦人貝蒂隔著距離小聊片刻，讚美她的花園花團錦簇、賞心悅目。我問她房子左側、陽光充分的那片蔬菜園都種了些什麼？「妳能想到的都有，」貝蒂難掩得意地說：「其中黃金節瓜最好，做為蔬菜之外，還可以作成瑪芬或蛋糕，」她說，每年蔬果若吃不完就分送給鄰居，「然後他們就回送我們各種好吃的餅乾與點心，妳看，多好啊！」

今天跑過時，老人屋牆旁的鳶尾花與山杜鵑盛開，貝蒂與約翰戴著同色的帽子、身穿同款的藍色工作服，並肩坐在大樹下，面對著綠意與色彩盎然的花圃，一旁小桌上擺著兩杯水，顯然是勞動後休息片刻、欣賞眼前親手耕耘的成果。

一棟房子，一片花園，兩個老人，勤奮用心地生活著，任世間疾苦紛擾，兩人共耕，共息，無需言語，那份舒適的靜默，是經過多少時光的磨合與契合，而換來的親近與放鬆。

遠遠地，我用手機拍下一張老人背影的照片，然後，帶著一絲感動繼續向前。

📆 2021年6月14日（第3週）

「能跑的日子，每一天都是好日子。」

——凱文·尼爾森（Kevin Nelson，跑者、作家）

週二，跑完走回家，進門前，我聽到背後有人喚我，轉身一看，是隔壁的鄰居康妮。

3月初，原本在佛羅里達度假的康妮夫婦，一見疫情漸嚴重，趕緊啟程回麻州的家，不敢搭飛機的夫婦倆開了三天的車才抵達家門。疫情初始，康妮的大女兒不時會來訪，站在車道口，跟敞開大

門但人在屋內的兩老聊天，保持不擁抱、不接觸。之後數月，老人們很少出門，僅靠網購、女兒與朋友協助購物與送餐。有一天當我經過她家時，康妮從門內跟我說：「我們這週開始，一天出去散一次步了，感謝上帝一切都好，就是有點想念上餐館……」說完，老人笑了起來。這位退休老師總是精神奕奕、一副樂觀的模樣。

今天，康妮的神態完全異於往常，平日總是俐落整齊的銀髮也顯得凌亂。輕聲喚住我後，她說：「我是要跟妳說，前兩天如果妳有聽到我家傳出的聲響，我很抱歉。」「沒有啊，我們沒有聽到任何聲音。」我說。

康妮接著解釋，小女兒染上多年酒癮，疫情以來更趨嚴重，他們夫婦不得不把女兒接到家裡來看顧著。「前天晚上她痛苦到極點，尖叫嘶喊，我很擔心會吵到鄰居……」老太太語氣沉重地說。

「妳完全不用擔心，我們沒有聽到，任何吵鬧聲都沒有。」我連口說。

「那就好。」康妮點點頭。

接著，老婦人穿過馬路，走到對門去，按鈴，對門內的人展開相同的解釋……

一個母親的心。

練跑之外，我浸淫於各種有關全馬訓練與營養補給的網站、podcasts和書籍裡。霍爾·希格登的《馬拉松終極訓練指南》提供了從訓練技巧、飲食、心理到比賽策略等種種馬拉松基本知識。跑步教練與體育營養學家麥特·費茲傑羅（Matt Fitzgerald）的《全馬與半馬的營養新知》（*The New Rules of Marathon and Half-*

Marathon Nutrition）以科學為基礎，詳述訓練期、賽前、賽中與賽後的補給準備。

　　長跑或散長步時我喜歡聽有聲書，本週聽的《北方：從跑越阿帕拉契山脈找出我的道路》（North: Finding My Way while Running the Appalachian Trail）是越野超馬跑者史考特・朱列克（Scott Jurek）挑戰阿帕拉契山脈步道的紀錄。

　　「阿帕拉契山脈」是美國三大也是最古老的步道，南起美國的喬治亞州，北抵加拿大的紐芬蘭和拉布拉多省，平均海拔3,000英尺，全長2,190英里（約3,500公里）。

　　為了突破內外現狀，40歲時，在極端長距離越野跑界已享有聲名的朱列克決定再度自我挑戰，計畫以一天平均跑50英里（約80公里）的距離，由南端的喬治亞跑到北部的緬因州。他在日裔妻子、也是超馬跑者珍妮的協助補給下出發，但入山後很快就發現，準備不夠周全，更糟地，上路第四天他就受了傷。

　　書中，朱列克誠實地描述對這一段艱困歷程的不確定感，一路碰到的友善與危險（那些如信仰宗教般地守護阿帕拉契山脈的登山信徒，堅持朝山者必須用走的，不能跑，因為用跑的除了無法仔細欣賞與感謝這條偉大的步道，還可能破壞沿途的自然生態，其中有些人對跑者持著負面的心態，甚至會進行攻擊）。同時，珍妮也有著自己的壓力，剛動過流產手術的她不善準備飲食，一個人開著車，長時等待與丈夫的會合，某種程度上，就跟一人跑在「綠色長坑道」中的先生一樣地孤單。

　　除了越野跑的過程之外，書中兼及朱列克如何想透過極端戶外運動來超越自我，以及成長過程的遭遇與掙扎。今天聽到的一段，作者提及從小他因父親長期滯外，7歲開始被迫照顧母親與弟妹，

青春期時難免對人世產生忿忿不平的心態，後來他母親受多發性硬化症之苦，住進療養院後只能如嬰兒般地以流質品進食，但朱列克憶道，「她總說：『I am tough. I am tough（我很堅強，我很堅強）』，從不喊苦。」

聆聽至此，我不免想到我的母親。

身為家中長女，母親從小得下海拾蚵、兜售所獲以協助家計，並且犧牲就學機會以培植弟妹。後來她以半媒妁之緣嫁給父親（決定婚事之前，父親只跑到母親家遠遠地看過她一次），婚後，母親與父親搬離老家的大家族到城裡創業，毫無烘培經驗的夫妻兩經營出一家麵包店，而後，母親每天清晨4點多即起，開始第一爐的烘培。從沒上過學的母親心算一流，憑著與生俱來的生意頭腦與能力，廣受出入店裡的顧客稱道。

不幸地，母親不到50歲即罹癌，在她生病的那幾年，我們舉家多次遷徙，從小島到台北，重建安身之處，正當生活再度安定時，母親的癌症復發了……

與我疏於裝扮外表的天性迥然不同，記憶中，母親喜歡每天打扮得整齊漂亮，噴一點她喜愛的明星花露水，拖著她戲稱為「BMW」的菜籃車上市場，以笑臉招呼上門的每個人，每天過得忙忙碌碌地。

母親從未出外旅行，很少上餐廳，沒有什麼娛樂活動，因為不識字，也無法閱讀。我從來沒有機會問她：「俺母，妳有夢想嗎？妳的夢想是什麼？」

我知道她希望家人平安健康、家計無憂，期待著子女成家立業後，可以歇口氣。除此呢？母親有沒有什麼想為自己做的事？有沒有什麼會讓自己快樂的夢想？

　　我不知道，因為一輩子為家人付出、為家計勞累的她，沒有機會活到有閒有空的那一天，就病逝了。

　　與母親結緣短短二十載中，不管生活多煩勞、病痛纏身多痛楚，我從未聽母親喊過苦，她在子女心中樹立了一副堅韌無比的典範。

　　反觀自己，我擁有安適的生活、強健的體能，如果說，跑步是我必須經歷的最大身心挑戰，那麼，這一點點完全出於自己意願的辛苦算什麼呢？

　　想著我的母親，想到生命中其他許多讀過或認識的堅強女子，常讓我更感謝能跑的每一天。神奇地，當你心懷感謝時，心情很難不快樂，跑起來也更愉快，這時，生活裡即使有點挫折或不舒服，也變得沒那麼嚴重了。

　　星期天：長跑日。

　　氣象預報將熱至35℃。這一天通常也是海奕的長跑日，他起得極早，5點45分就出門了。同時醒來的我，也跟著很快上路。

　　清晨的街道，空曠安靜，除了極少數的跑者、騎士和行車，只有我和自己的腳步。

　　空氣濕悶，汗水如雨，爬坡尤其艱辛，呼吸急促，可以感覺身體努力地散著熱。隨著溫度與地勢調整呼吸和腳步，數英里之後，我可

以感受到身體逐漸地適應。跑過一片樹蔭時，如天賜的微風穿過林梢，輕吹過黏膩的皮膚。跑過住家前院的自動灑水器，水花帶來的清涼無疑烈陽下的一絲溫柔，啊，真舒服。

　　高溫之前，我把今天的10英里（約16.09公里）跑完。回到家，一屋空靜，先生也出去林野長騎了，一看錶，還不到8點呢，「這個家沒有懶惰的人。」想起先生曾這麼說，我不禁微笑。

📅 2021年6月21日（第4週）

「你比你想的更勇敢，比你看起來的更強壯。」

——小熊維尼

　　跑步之外，本週開始，海奕也展開一週兩天的體能訓練。每週二、四早上7點至8點半，在附近的健身房接受一些為運動員的表現（Athletic Performance）而設計、鍛鍊肌力和預防傷害的課程。趁早起之利，送他去受訓之後，我也出門跑步，稍微避開夏天的炎熱。

　　沿襲先生從小就利用課餘打工（清晨送報、下午幫鄰居鏟雪或除草）的傳統，海奕打高二暑假開始工作。繼去年在社區游泳池負責水質測試和簡易的維修，今年海奕在家從事一份跟數據科學有關的實習。把一個17歲的高中生放在一個兩百多人的企業裡，他可以學到的東西實在太多了——經驗與知識之外，職場的作息與倫理、社會人士的商業與日常對話、與上司與前輩同事的互動、嘗試與犯錯的機會等，還有傾聽時所需的大量專注與耐心，即使只是身處視訊會議的一個角落聽大人們討論，都是體驗真實世界運作的機會。

這週我開始守著電視，看美國奧運選手的選拔賽，從來沒有這麼多驚呼、看過田徑場上那麼多運動員跌倒。

眾多選手中，最引人注目的當數19歲時就打破美大專100公尺紀錄的花蝴蝶莎卡莉・理查森（Sha'Carri Richardson）。場上的她，旺盛的精力和頭上那團金髮一樣地耀眼。雖一度因賽期抽食大麻而引發爭議，花蝴蝶持續展現傲人的實力（2023年她奪下全美戶外田徑錦標賽女子100公尺冠軍〔10.82秒〕，並於稍後的布達佩斯世界錦標賽上，以10.65秒打破了100公尺世界紀錄，被公認為「世界上最快的女人」）。

毫不意外地，擁有美國運動史上最多田徑金牌的艾莉森・菲力克斯（Allyson Felix）再度入選奧運代表，若再下一城，她將成為世界田徑史上成績最好的女性運動員。菲力克斯長期為女性運動員發言，2019年因為不滿Nike對懷孕女運動員合約條件的不公，決然放棄長期代表該品牌的優厚待遇。2021年6月，她宣布自創球鞋與運動用品品牌，開創生涯另一頁，7月時並登上《時代雜誌》的封面人物。

長跑界，我一直喜歡的莎拉・霍爾（Sarah hall）沒有跑入奧運資格所需的前三名，但我依然看好38歲的她接下來的全馬成績。

每天興奮地跟先生和海奕報告各種比賽狀況，同時期待著仲夏的東京奧運。

從沒想到，年過半百的我有一天會踏上運動場，接受正式的跑

道訓練（Track Training）。

　　印象中，跑道訓練是學校田徑隊的日常——上課前或放學後，身材矯健的他們在運動場上進行短跑、跳高、跳遠或擲鉛球等練習，那些從來不屬於我的學生生活；迴異地，從小到大，課餘時，我總是那個在教室裡唸書或合唱團裡練唱的學生之一。體育課之外，我的課外活動純屬靜態。

　　有經驗的跑者都知道，若要跑出較好的成績，平時必須加入一些速度訓練，雖然有些教練並不建議初跑者貿然跳入速度訓練裡，原因是，光是里數本身已經夠壓力了，若再加上速度，很多跑者尚無那樣的體能去承受。因此，大多的教練會建議跑者等到在有足夠的經驗，比如跑過幾次全馬或越跑越快卻遇到高原期，這時，額外的間歇跑、坡度訓練和跑道上不同配速的速度練習對表現會很有幫助，但最好利用非參賽或非累積高里數的時期。

　　基於自己有一定的跑齡，加上是全馬訓練初期，我評估正是加入速度訓練的好時機。

　　週三，上課的第一天，興奮的我清晨4點多就醒來。出門前，日光逐漸渲染著窗外高爾夫球場後的樹林上方，由橘而黃而緋紅而金黃，由低而高層疊。佇立窗前，我不禁想：這無疑是夏天以燄熱炙烤大地之前，最燦爛而溫柔的一刻。

5點多，當我把車停在臨鎮高中的運動場旁，向小丘上的操場走去時，遠遠可見幾位跑者先後繞著跑道，慢跑暖身。我走向起跑線旁一位正忙著豎立計時器的女士，問：「你是雪倫（Sharon）？」接著自我介紹。雪倫教練在手裡的夾板上名單做了個記號，問我的名字怎麼唸？是否打過疫苗？接著她要我也去慢跑一圈，但這時，暖身完的人已逐漸向她聚集，我才剛起步就被她喚回。「那我去拉筋伸展一下？」我問，她也說不用。我暗想：「慘了，這副老骨頭，不暖身或伸展怎麼下場去跑？」隨即又想：「初到貴寶地，還是靜觀其變吧。」

雪倫對圍聚她面前的人，解釋今天的訓練課表：繞著一圈400公尺的跑道，跑六到十圈，每跑完一圈，視個人速度和狀況，休息45-60秒。

下場前，她帶大家做弓步向前、腿擺動、抱膝躍跳、提膝高步跑、抬腿後踢跑等「動態暖身」（dynamic warm ups），接著進行4次100公尺的加速衝刺跑。

充分暖身之後，教練要大家聚集在起跑線前，因為尚未測過大家的速度，她依照舊學員的程度大致分成四組，然後指著一旁的計時器，要求每一組跑完一圈後，看一下自己的時間，休息一下後，接著跑下一圈。

對這一切感到很新鮮的我，自然地往最後一排站，跟著一個高大的中年印度裔男人、一個20幾歲的女性白人、一個精壯的中年男性白人和一位7、80歲的白人老先生一起跑。

很快的，精壯的男子和我就領先了。

兩趟之後，雪倫教練看了一下我的速度，便喚我去加入前面的一組，跟著兩位年約30歲的女人一起跑，這時她們已蓄勢待發，

「妳可以嗎？這樣妳沒得休息？」教練問，我說可以。兩位跑友好心地在起跑線上稍等，然後，三人就齊步直奔。

跑完後，教練說：「我想這一組會對妳很好（有幫助），以後就跟她們一起跑。」

從來沒有受過田徑訓練的我，發現這樣的400公尺重複，比我平日一個人傻傻地跑，跑出的速度快多了。這一輩子心肺很少這麼久地用力過，一堂課下來，我終於能體會包括海奕在內的短跑運動員，每次比賽都必須撕裂心肺般地衝刺，是什麼感覺了。

奮力完成10圈之後，我跟著兩位隊友沿著操場慢跑一圈做恢復跑，不像之前緊追著前方，這次我們可以輕鬆地邊跑邊聊。兩個年輕的媽媽瑪麗和珍都已跟隨雪倫教練訓練多年，除了過去一年多因為疫情而停止，她們規律地把跑道訓練當作平日練跑的一部分。

我跟她們說，這是我離開學校後，第一次踏上運動場跑道跑步，更別說，這也是我以半百的「高齡」首度接受速度訓練。「哇，為妳高興（good for you）！」瑪麗說。「歐，妳會玩得很開心的（Oh, you'll have fun）」珍接著。這倒是真的，雖然是第一次，但我已感受到短距離、快跑與慢跑不斷交替變化下，那份即刻的挑戰與成就感了。更重要的是，一群成人一大早聚集在一起，氣喘汗流地奮前，那份並肩前進的痛快感是我之前未經驗的。

離開前，我趨前跟教練致謝，「做得好（good work）！」她說。

回到家，我雀躍地跟剛起床的海奕描述生平首次的跑道訓練過程，「恭喜妳，媽媽，妳勇於嘗試新的挑戰，我很以妳為傲！」兒子給了全身汗透的我一個大擁抱。

看看時間，才不過7點，一天初始，我已體力耗竭且心滿意足。

🗐 動態暖身

　　不同於「靜態暖身」是在同一個位置上做拉筋伸展，「動態暖身」是一系列幫你增加血液流動、提高心率、「喚醒」肌肉和關節，以及增加身體靈活度的暖身動作。以下是我跑前慣做的一些動態暖身，通常每個動作重複10次或20秒，視當天的訓練強度或跑距而增加或延長。

- **腿擺動**（Leg Swings）：利用一面牆或樹幹做輔助，左手扶牆，右手擺腰際，前後擺動右腿10下，然後左右擺動10下。換腿，重複。
- **髖部轉圈**（Hip Circles）：站立，雙手擺腰際，將髖部以順時針和逆時針的圓圈轉動。每邊順、逆時鐘各做10次。
- **腳踝轉圈**（Ankle Circles）：一腳抬離地面，以順時針和逆時針的圓形轉動。每腳順、逆時鐘各做10次。
- **手臂轉圈**（Arm Circles）：雙臂向兩旁伸直，向前畫圈轉動10次，向後10次。
- **軀幹扭轉**（Torse Twists）：雙腳與肩同寬站立，將軀幹從一側扭向另一側，保持臀部朝前方。重複10次。
- **提膝高步跑**（High Knees）：原地跑，每一步都把膝蓋盡可能地抬高，以暖化髖屈肌和腿肌。跑20秒。
- **蹬屁股**（Butt Kicks）：原地跑，每一步都把腳後跟向臀部踢。跑20秒。
- **開合跳**（Jumping Jack）：站直，腳跟併攏，手臂自然地放在身體兩側。兩腳跳開，雙腿比肩寬，雙手在頭頂上合掌。跳回起始

位置，腳跟合攏，將手臂放回身體兩側。重複10次。開合時配合呼吸。（比較溫和的作法是，每次將一隻腳往外伸踏再收回，不做跳躍。）

～～～～～～～～～

星期天：長跑日。

入夏後，濕度動輒達90%。

七點出門，因應酷熱，我手持一個裝水約500CC的小水壺上路。陰雲悶熱的空氣令人呼吸窒礙，腳步凝重，幸好偶有輕風。

今天的課表要求12英里（約19.3公里），我利用它來練習配速，前面2／3維持以比比賽的均速慢30至90秒的速度進行，後面1／3則加快一點點，但仍維持比賽時均速慢30秒的速度。我發現這樣跑起來，里數雖延長了，但體能完全可以應付。跑完後，我看了一下配速，發現最後兩英里的速度竟然最快。

完成了第五週的訓練，到目前為止都是熟悉的里數，接下來幾個禮拜，我能否安然地跨過半馬門檻、繼續以一定的速度向前推進呢？

📅 2021年6月28日（第5週）

「這裡是一些愛跑步的人，只因為好玩，他們在炎熱的太陽下跑啊跑。」

——蘇斯博士

掙扎了一下才出門的早晨。

熱浪侵襲東岸之下，醒來後氣溫很快地向30幾°C直衝。烈陽加

上悶，空氣熱又緊，不到15分鐘，手中瓶裡的冰水已經變溫水。

　　儘管如此，還是要跑，不是有這樣的說法嗎？「跑得短也比不跑好。」

　　今天輕鬆的「恢復跑」一直是我最喜歡的訓練之一，讓身體得以稍微休息，同時保持活動，對於我，這有如快跑與長跑之後的一份獎勵，也常提醒著我，愛上跑步的原因。

輕鬆跑（Easy run）的好處

　　「恢復跑」與「輕鬆跑」有時容易令人產生困惑，簡單而言，恢復跑是輕鬆跑的一種，以較慢的速度保持肌肉的血液循環，消耗過餘的乳酸以加速恢復，通常在比賽或長距離訓練後24小時內進行。速度上則「越慢越好」。

　　近年來，大多教練或菁英跑者不斷強調輕鬆跑的重要與益處。沒有人能夠一直跑得很激烈而不累、不受傷，幾乎所有針對全馬跑者而寫的網站或書籍都會強調，全馬若要訓練得順利，關鍵是：學會如何適切地輕鬆跑。

　　眾理論中，尤屬跑者兼作家麥特・費茲傑羅所提出的80／10／10比例最知名——一週中，80%的練跑維持在低強度的範圍內，10%中強度，10%高強度。

　　過了40歲生日之後，費茲傑羅發現自己無法連續跑好幾天而不覺得過累或受傷，因此，他把天數減至一週跑三、四次，並加入五、六次的騎自行車，結果發現，他得到的有氧訓練成效甚至比從前天天跑（有時一天還跑兩次）但沒有做交叉訓練時還高，而馬拉松的成績也不比十年前差，「高里數、低密度、加上交叉訓練」讓

他得以維持跑量而不至於耗竭或受傷。

許多菁英跑者，尤其是肯亞跑者遵從的基本比率是：85%的輕鬆或恢復跑，其他15%則盡全力（give it all in!）。曾奪下四面奧運金牌的英國長跑健將莫‧法拉（Mo Farah）據說一週跑上120英里（約193公里），其中有80%是（相較於他個人速度的）輕鬆跑。「火雞女孩」莫莉‧賽德爾（Molly Seidel）奪得奧運馬拉松銀牌後，她的教練艾倫‧科曾斯（Alan Couzens）曾在推特上發文：「賽德爾一週120英里的總跑量中，只有3%是5K或更快的速度。」科曾斯也堅信：輕鬆的有氧運動是全馬成功的關鍵之一。

大多數的跑者常犯以下的錯誤：認為如果跑得輕鬆，就得不到進步。事實上，更輕鬆的配速可以幫我們打好基礎，是訓練時必備的課程。

除此，輕鬆跑還有以下許多好處：

- 作為艱苦訓練後的恢復跑。
- 提高粒線體的密度（mitochondrial density）在你的肌肉中形成一個更密集的毛細血管網絡(capillary network)，更有效地燃燒脂肪、把能量輸送進肌肉裡。
- 提高抗疲力。
- 培養耐力。

整體上，讓你變得更強壯，成為更好的跑者。也就是，輕鬆跑保持輕鬆，需要用力快跑時才會有實力。

什麼速度才算輕鬆跑呢？

每個人的體能不同，無法簡單以某個速度來判斷訓練的快慢，

最好是以個人跑步時心率所處的範圍來界定，也就是，不取一個特定的速度範圍，而是用某個使力的範圍（effort zone）來決定。所謂輕易的程度因人而異，每天的狀況也不同，舉凡當天的其他作息和訓練、疲勞程度、天氣、壓力、睡眠、女性生理週期等都會影響使力的程度。

一般而言，輕鬆跑的程度是以我們心率的65%-75%上下來計算，公式如下：

（最大心率－靜息心率（或晨脈））＊65%＋靜息心率（或晨脈）

舉例：

某跑者最大心率為180，靜息心率（或晨脈）為50。

那麼，輕鬆跑的心率為：（180-50）*65%+50=135。

若真要以速度為依據，你可以把比賽的目標配速（goal pace）減慢30至60秒。如果你剛開始訓練全馬，心中並沒有設定一定的速度目標，這時可以「講話測試」作為輕鬆跑的速度指標，也就是維持在一個可以跟跑伴一邊跑一邊聊天的速度。如果你氣喘呼呼，話都說不出，那麼，慢下來。如果獨自跑，試著唱一首歌或吟幾首詩：「白日依山盡，黃河入海流……」

週三在跑道上，雪倫教練為大家示範正確的跑姿後，便要求我們以200公尺重複12次的方式做速度練習，每次之間以200公尺的慢跑做恢復。向前衝刺時，她要我們練習：抬高大腿、腳快而輕地落地、雙腳後踢與前耙等不同的跑姿與技巧。同時，教練教大家如何以身體核心為重心，雙手呈90度彎曲前後自然地擺動，讓肩膀

協助你的下半身向前推進，拳頭則保持微握，「想像手指輕捏著一張一元鈔票的感覺。」她説。「換成百元大鈔如何？」隊伍中有人冒出一句，引得大夥兒一串笑聲。

雪倫教練的背景不容小覷，這位今年64歲、身材瘦小精實、聲音輕細、感覺有點害羞的資深女教練，是一位美國國家級的三鐵運動員。在長跑上，教練的成績斐然，近年的波馬成績分別是：2021年3:45:57、2022年3:39:07（勇奪女性60-65歲組第三名）、2023年3:38:36（這一年66歲的她再創個人PB/PR）。

200公尺短而巧，加上衝刺之後得以慢跑200公尺稍事喘氣，不知不覺地，12圈很快就結束了。

道別時，我走到教練旁問：「您覺得我的跑姿還可以嗎？」一個人埋頭地跑，雖然讀了許多書，模仿了不少影片，也不時提醒自己注意姿勢，但我完全不知道在外人、尤其是專業的教練眼中，我跑起來是什麼樣子。「還可以，我會繼續觀察妳。」她點點頭。

我又想到數年前下坡時拉傷臀肌的意外，便請教她有關下坡時的跑姿。教練説，下坡時注意身體不要過度前傾以免失去重心，也不要向後仰，產生如煞車的抗拒感，「身軀挺直稍微前傾，加快腳步，最重要的是保持核心的穩定，若真的遇到很陡的下坡，不妨膝蓋微彎、臀微低，以予雙腿更多的支撐，避免受傷……」

運動場旁，教練一邊解釋並一邊示範。日頭漸高，隊友相繼地離開，經過我們身邊時，他們一一向教練致謝，這時，我心中突然閃過一個念頭和一個問號：

念頭：「若早有教練指導不知可避免多少受傷啊！」

問號：「旁人猜得出這兩個熱切討論跑步的女人，加起來將近120歲嗎？」

❖ ❖ ❖

週日，海奕和我往北，跨過鎮界，來到新罕布夏的塞勒姆（Salem）鎮，打算沿著一條穿過鄰近數鎮的「溫德姆步道」（Windham Rail Trail）而跑。這條舊火車鐵道改建的水泥瀝青路長達12英里（約19.3公里），全程雖有不少緩坡，但大多筆直且不乏樹蔭。

連續幾天陰雨後，步道上除了少數騎士和散步的居民，人並不多，但可以想像，平日恐怕得更早到場才能避開人群。

我們把車停在鐵道旁的Dunkin' Donuts甜甜圈店後，開始暖身。

這是我們母子最喜歡的那種路跑場地──起跑點旁有一個附設停車場和洗手間的加油店或飲食咖啡店，可以同時把停車、如廁、跑步、買水或輕食，一網打盡。

今天我們計畫跑8英里（約12.9公里）。如常地，海奕讓我先起跑，但很快就超越過我，折回經過我身旁時，他伸出長長的手臂與我擊掌互相鼓勵，抵達終點後，他又回過頭來陪我。

「要不要來比賽？」快到終點時他問。「歐，你這麼快，我一定跑輸的。」我說。「來吧，妳知道妳要的。」這小子竟挑釁我。

終點前0.25英里（約400公尺），「Ready, set, go!」我喊道，跨步往前猛衝。「欸，不可以偷跑！」男孩迅即追上來，「媽媽，揮動妳的雙臂，往前跨大步。」

他一邊輕鬆如飛地跑，一邊指導我，亦步亦趨地陪在我身邊。

並肩跨過終點時，我們互碰拳頭，「A good run!」

買了貝果、酪梨烤土司和一個有蛋、肉和碳水化合物的能量捲餅後，我們上路回家，這時雨才又開始下起，頓時，兩人都覺得今

天的運氣真是好極了。

稍後，我在跑步筆記裡這麼寫著：

當你專注於熱愛的事情時，生活變得精簡而單純。

很多時候，因為過度而無謂的需求，比如外在的愛和注意力、虛幻的肯定等等，日子變得過度複雜，且耗費心神與精力。

過濾生活裡的雜質與雜音，努力讓身心獲得平衡與平靜。用心體會，你會發現，所擁有的早已足矣。

相信「馬拉松之王」、肯亞選手埃利烏德・基普喬蓋（Eliud Kipchoge）所說的：「當你專注於生活中的美好事物，那些好事會變得更好。」

＊補註：基普喬蓋於 2022 年柏林馬以 2:01:09 所創下的世界紀錄，2023年被肯亞長跑新星基普圖姆（Kelvin Kiptum）於芝加哥馬以2:00:35 刷新。

多年來，我的書桌上固定放著一本行事曆，紀錄著每天的工作、家事、醫生預約等等。我也利用這本行事曆來紀錄該日的運動狀況，簡單地寫下當天跑了多少英里、跑速，或肌力訓練的內容與時間長度等。每當開始訓練下一場比賽時，我習慣在一週的起始，通常是週日晚上或週一清晨，寫下未來一週：哪幾天是訓練日、什麼樣的訓練內容（節奏跑、輕鬆跑或長跑、跑多遠等等），並在一週結束時統計週總里數，同時檢視是否達到預定的目標。

訂下全馬訓練表之後，我多加了一本「跑步筆記本」。

跑步筆記（Running Journal）或訓練紀錄表（Training log）是運動員常使用的用品之一，從早期的手寫紀錄，到現在各種網上的程式記錄，功能越來越周全。

美奧運選手和暢銷跑步書作者傑夫・蓋洛威從七〇年代便開始紀錄自己的跑步生涯，剛開始他只寫下距離和時間，慢慢地加上氣候、路線、沿途所見所聞，以及給跑友的建議等等，四十幾年不輟。

兩屆奧運選手、曾是美國一萬公尺和半馬紀錄的保持人莫莉・哈德（Molly Huddles）喜歡手寫的感覺，從高中開始養成寫運動筆記的習慣，每天睡前固定紀錄，走到哪兒行李箱一定帶著她的筆記。

根據Running USA於2017年一項全國跑步調查（National Running Survey），全美82%的跑者有紀錄跑步數據的習慣，其中65%表示此舉有助於他們跑得更好。

要跑出好成績，除了規律而持續地跑，最好的方式是紀錄下你的進度與進展。科學早已證明，當你把目標化成文字和數據時，它們會變得更具體，當你寫下短、中、長的目標，比如：一個月或一年的跑量？跑幾場比賽？何時？如何做到？可以增強大腦的認知，確認它們對你的重要性，幫助你達成目標。

另，紀錄表有激勵的作用，沒有人喜歡看到一個留白或全是零的紀錄，跑步程式上的獎勵設計，諸如成為Strava上的「山王」或者Nike上贏得「7天連續運動」、「最快的5K」獎牌等都是一種獎勵。

隨著紀錄，你也可以看到什麼狀況下最容易導致受傷（過度訓練、睡眠不足或裝備不對時），密集訓練或一場半馬賽之後，需要多久體能才恢復等。數據也會讓你更清楚地看到自己的進步和有

待改進的地方，並藉此預估出計畫達成的可能性。比如，如果你想跑出4小時以內的全馬，但從跑量和跑速看來，你知道那是不可能的，必須調整目標和期望。或者，你已順利地跑完幾次18英里（約29公里）以上的長跑，當賽事到來時，你知道若無意外，你一定可以完賽，因為除了經驗，紀錄也這麼清楚地告訴你。

為了讓跑步筆記達到最大的功效，紀錄的原則當然以誠實為上，你所記下的一切是給自己看的，吹噓或遮掩不但沒用，也失去筆記的意義。

我的跑步筆記，選的是一本藍色封面上，一個女孩向前奔跑的側影，標題很鼓勵人：「她相信她能，所以她做到了。」（She Believed She Could So She Did）。除了日期、距離、天氣、路線之外，還有幾行空格供我寫下當天的跑況，每頁的底端並附有一句勵志名言。

利用跑完或洗完澡之後的10至15分鐘，我坐下來享受這段書寫的私密時間。除了基本的里數與跑速之外，我習慣紀錄當天的氣溫和濕度，路程中有趣的見聞、整體的感覺和自我激勵的字句。回頭去看我的筆記本，我常常寫下：

一步一步來。

天氣越來越熱了，早點出門，早點收操。

不斷地訓練，不斷地向前，保持健康，妳可以的！

妳可以跑完14英里，就可以跑完16英里。

對自己好一點。

加油！

……

　　一步一腳印，昨天的成果激勵了明天出門的動力。日積月累之下，我清楚地看到自己越跑越遠，跑進一片全新的里數與風景裡，發現了一個全新的自己；這時，全馬也從一個以前不敢奢想、不相信有可能完成的夢，變成一個逐漸接近、甚至越來越有可能達到的目標，那份發現帶給人無限的驚喜。

📅 2021年7月5日（第6週）

「跑吧，一點點小雨並不會傷你。」

——海奕

　　逢美國國慶的連續假期，天氣卻是連日陰雨，氣溫一下子從攝氏95度（35℃）掉到75（約24℃）。

　　「我愛在雨中跑步，雨令人神清氣爽。」正打算出門去跑11英里（約17.7公里）的海奕說。

　　受到兒子的啟發，我也上路去。剛起跑時小雨紛飛，比起27、8℃的燠熱早晨，這時約15℃的氣溫感覺涼冷而舒適。1英里（約1.61公里）暖身後，我開始今天的快跑課表：快跑1英里（約1.6公里），小跑0.2英里（約320公尺）做恢復，如此重複三次，最後1英里冷卻收操。

　　雨越來越大，我想起海奕曾提起與越野隊友如何風雨無阻、一身泥濘地在野外訓練，「妳得學著去愛上在雨中跑步。」（You've

got to learn to love running in the rain.）當我問他如何適應不舒服的天候時，他曾這麼說。是的，除非暴雨打雷有危險性，試著去接受雨淋的事實——全身濕答，黏膩沉重中，繼續前進，然後你會慢慢發現：大多數的不舒服只是一種感覺，並不會真正地傷害人。

週二。到健身房接受肌力與體能訓練之外，海奕的暑期越野跑營也開始了。

從高一開始，海奕每年會參加一個結合附近國、高中學生的越野跑夏令營，每週3天早上在燠熱裡受訓，每年都足以把男孩曬得透黑。

一週共5天的戶內外訓練，加上實習和網上先修大學的課，他的暑假充實而忙碌。

一早下著磅礡大雨，我們反覆地更新email，終於收到教練傳來的訊息：「除非打雷閃電，訓練照常。」

多塞了一條毛巾給兒子後，目送他跑進雨中的操場，加入團隊。「就當是軍事訓練吧。」我自語。況且，如海奕常提醒我的：「雨並不會傷人。」

現代生活裡，孩子能真正鍛鍊身心的機會並不多，只要安全無慮，先生和我總鼓勵海奕多嘗試。記得他高一那年暑假，參加了一個野外登山健行活動，一週裡，在接受過野生與急救訓練的年輕指導員領隊下，幾個大孩子每天背著近10公斤的帳篷、烘烤用具、食物和衣物等裝備，健走在新英格蘭的白山群嶺間。那一個禮拜，14歲的他經歷過前所未有的天然環境挑戰，除了在完全無水電與網路的深山野炊、露營，他們連日涉水渡溪、在風雨中爬山越嶺，

平均日行10幾英里，最終登上一座3000多公尺的高山。當我們去接他時，男孩不但變得精瘦黝黑、學到許多野外求生的技能，還交了幾位終生的朋友。

星期三：計時跑。

兩週前開始訓練時，雪倫教練就跟大家說，會以一場1英里（約1600公尺）的計時跑作為分組的參考。上週因高溫、加上濕度100%，教練顧慮大家的表現而把計時跑移到今天。交談中，感覺有經驗的跑友都有點期待又怕受傷害；快跑經驗有限且身為年紀最長的學生之一的我，何嘗不是。

暖身後，大家向起點聚集。起跑前，教練提醒：「剛開始用7、8分力，不要一下子衝太快，逐漸加速，到了最後一圈則用10分力，全力以赴（Give all you've got）！」

起跑線後，十幾名年紀從20幾到70幾的成人就緒，俯身，準備按下個人腕錶上的計時器，「Ready, set, go!」教練一喊，所有

的人往前衝，「等等，等等。」還不到五步，全員被叫回，教練説計時器沒設好。「這簡直就跟奧運比賽一樣刺激。」退回起跑線時有人促狹地説。

很快地，我和速度相近的年輕媽媽瑪麗和華裔中年男子大衛3人維持前後距離——瑪麗在前，大衛中間，我殿後。從未練過這個項目的我心想，只要緊追著他們應該就不會錯。

不同於長跑，時間較充裕，可以配速，可以緩和地起步，中間甚至可放慢腳步稍微喘氣，快速的短跑不給人那樣的機會，從起點的那一剎那起，每一分一秒都算數，必須全神貫注，不容任何遲疑，身體處在極端的壓力之下，力拚再力拚。操場上，隨著日出繞圈而跑，我忘了年齡，忘了體能狀況，忘了熱情的太陽，一心一意只想衝向前方，觸及那條閃著美麗光芒的終點線。

過了第三圈，只剩一圈時，我覺得自己好像還有一點點力氣，便開始加速，逐漸趕上大衛，最後200公尺、100公尺，我不斷地衝啊衝，終於在終點前超過大衛，以兩秒領先，「Good hustle（拚得好！）」跑場外已抵達的跑友中有人喝采道。

「做得好！（Good work!）」我一邊深呼吸，一邊走到俯身喘息的大衛旁説，「妳也是！」他回。

以8分17秒的速度（5'05"／公里），我跑出個人1英里（1600公尺）的PR／PB！

週五。夏日北方。

入夏以來，我們老想著北上佛蒙特州，去看看小公寓，走走想念的山水與森林，但天氣一直不穩定，直到這個週末，終於等到了蔚藍天空、清脆空氣的夏日氣候。

北上時一路陰雲，天空被各種表情的雲給佔據了——藍天裡飄散如飛絮，陰霾下重疊如山，或淡淡地幾筆尾影。車入小鎮後，主街呈現疫情以來少見的熱絡，跟全美到處一樣——關閉了一年多之後，大家都等不及走入戶外。

晚餐時我們一貫到「哈利的餐館」報到，一貫地預定了吧檯前三個高腳椅的座位。一進門，檯後的老闆娘黛比笑臉迎人，「好久不見！你們都好嗎？」大家都很開心重聚。

黛比氣色極佳，明顯地瘦了很多。數月前，餐廳打烊後，她在深夜歸途的公路上發生了一場車禍，經過手術與長時的復健後，她也開始跑步和運動，再加上飲食調整，身體終於逐漸恢復。

先生和我聽了都很為她高興，60幾歲的她瘦下來後不但更顯年輕，在廚房與吧台間穿梭的身影也更形矯健。

週六，起床後，本想在小廚房裡做早餐，為了讓熬夜做暑期作業的海奕多睡一點，先生和我決定不動廚具，先去散步。經過一旁的民宿時，兩人當下被它的戶外座位吸引了，便改變心意，轉身步上長廊。

清晨的空氣又涼又清，四周鳥鳴花開，一旁的100號公路，偶

爾行車疾行，一切都是再熟悉也不過的北方夏日。

不算忙碌的早餐時間，除了我們，總共只有3組住宿的客人用餐中。中年的女服務生雪莉還記得我們，聊起過去一年佛蒙特的點點滴滴：因雪況不佳而提前結束的雪季，春天以來隨疫情開放而恢復忙碌的各項商業，整個夏天到秋天，民宿都被婚禮訂滿了。傍晚時，見到民宿主人大湯姆，他進一步提及，在美國政府的紓困政策之下，越來越多百姓寧願領紓困金和失業救濟，也不願意出外工作，導致各行業勞力短缺，找不到員工，尤其是隨著開放而再度忙碌起來、依賴勞力的餐飲與服務業。我們記得不僅是佛蒙特，在麻州時也到處聽到這樣的問題，人手短缺似乎已成為全美疫情後嚴重的經濟困境之一。

享用佛蒙特著名的藍莓煎餅和炒蛋早餐之後，我們如常地去巡「迴響湖」。金針花以記憶裡不曾有的茂盛遍開湖畔，遠眺而去，蔚藍天空下，湖平山靜。

星期天：長跑日。

我在佛蒙特的山嶺湖畔之間，跑了一個

半馬。

　　前一晚利用跑步程式規劃出一條新的路線，清晨，一切就緒後，我背上了水袋。經過多方評估，我發現登山健走時使用的後背式水袋，一來可以空出雙手，二來有隱袋用來裝能量膠很方便。

　　從住處外的白教堂起步，託一點眾神之福，希望一路順利，離開民宿後，我步上佛蒙特著名的100號景觀公路，1.5英里（約2.4公里）後，轉入樹林裡的一條碎石道，沿著湖，逐漸深入山嶺之間，到了4英里（約6.44公里）處，眼前矗立著一道長坡，因這是連接後續路線的唯一一條路，只好硬著頭皮慢跑而上。這時，我想到是否該撥手機，預警接著也將跑這條路線的海奕，旋想：讓他有個自己的經驗也好。（後來，「細胞死了好幾個。」說到這座陡坡時，兒子這麼說；不過我們也一致認同，風景美極了）

　　一到坡頂，放眼而去，山脈層巒，綠野無盡，遠處，一棟與世隔絕的房子孤立於野花盛開的原野上。這時，為了安全而攜帶的手機正好派上用場，我停步，拍了幾張照片。

　　穿山越嶺，10英里（約16.09公里）之後，我終於又回到彎曲起伏的100號公路，終點在際，呼！

多年以來，夏天在佛蒙特跑步總是留下特別的記憶。山湖之間，腳步不知不覺地帶人進入一片片未知的驚喜裡，永遠不會無趣。

又完成另一週的訓練，隨著里數的增加，體能上也逐漸感到更挑戰了，接下來的路將更艱困與漫長，我不斷地提醒自己：不能受傷，不能放棄！

📅 2021年7月12日（第7週）

「眼望星辰，腳踏實地。」

——美前總統羅斯福

不知不覺地，每週三成為我最期待的訓練日。

今早霧濛潮濕，太陽被籠困在厚重的雲層後，跑道上到處是夜裡下過雨後的積水，但一切無礙我躍動的心情。

今天的課表：

- 慢跑兩圈暖身後，進行動態暖身與技巧練習。
- 以個人5K的均速各跑一次200、400和600公尺，中間各休息25、45和60秒，整套重複3次，最後以快跑一圈400公尺終結。
- 慢跑兩圈冷卻收操。

氣候實在太熱太潮濕了，一個小時訓練下來，我想我至少（暫時性地）甩掉了2公斤的汗。跑完，我們習慣聚在教練身旁小聊片

刻。她問大家的狀態如何？週末打算去哪兒玩？雖然教練也提供傍晚的訓練時段，一聊之下，我發現這群跑友都是喜歡早起的人，一位女跑友說得好：「一天的開始就把這件事（運動）完成，讓人很有滿足感。」遑提夏天如此燠熱，即使依然高溫，清晨仍是一天中最涼快的時段。

我說我愛早起，也愛早起運動，因為有點害羞而沒說出口的還有：「完全沒想到，我會如此愛上清晨的跑道訓練。」雖然每回上場前，一想到要拚命地衝、心肺那麼難受、不知道能不能追上其他年輕的跑友等，焦慮感就不覺地升起；但4週下來，我迷上了這個快慢交替、充滿挑戰和滿足感的訓練──短而有力，全力以赴！

數週下來，我深深感受到早起的魅力。

清晨4點半，鬧鐘響，我躺在床上，等幾分鐘完全甦醒後，拿起手機，快速地查看一下簡訊和電子郵件，起身，開始出門前的準備。

下樓來到廚房時，房子非常安靜，家人都還在睡夢中。我給自己做一份簡單的早餐，外加一小杯的咖啡。窗外，天色仍黯，世界正以一種無法覺察的韻律醒來。不久，遠處樹林後的天空底下，泛出第一道黃橙的晨曦，光亮慢慢地趕走了黑暗。果嶺正中央，黃黑格子圖案的旗幟昭告著戶外的天氣：飄揚（有風）或靜止（濕悶）。

對窗，啜飲著咖啡，日出前的這一刻靜謐而神奇。我知道我不是唯一早起的人，卻為了能夠領略

到酷熱之前、夏日最溫柔清涼的一刻而感到幸運。

早起的鳥兒有蟲吃，早起的人可以不慌不忙地展開新的一天。

在網上搜尋了一下，我發現，許多有成人士皆習慣早起。根據《時代雜誌》的一篇訪談，蘋果公司的執行長提姆・庫克（Tim Cook）每天早上（是的，每一天）3:45起床。庫克喜歡花起床後的第一個小時去瀏覽（蘋果產品）使用者的評論和意見，「這些內容對我們非常重要。」接著，他會去健身房鍛鍊一個小時，「因為運動可以幫我減壓。」人在西岸的庫克比時差早他三小時的東岸員工更早開始工作且熱在其中，他說：「當你喜歡所做的事時，你不會視它為工作，很幸運地那正是我的狀況。」

另一位執行長，美國線上公司（AOL）的提姆・阿姆斯壯（Tim Armstrong）的一天從清晨5點開始，不過他試著避免一大早就發太多電子郵件給部屬，免得給下屬造成太大壓力。阿姆斯壯告訴英國《衛報》（The Guardian），他不需要很多睡眠，每天5點至5點15分之間起床後，運動、閱讀、瀏覽與改進公司的網站，並利用這段時間與同樣是早鳥的女兒相處。

前總統歐巴馬也是有名的睡得很少的人，而他的妻子前第一夫人蜜雪兒也不遑多讓，曾經跟電視主持人歐普拉聊到，她每天早晨四點半、趁小孩起床之前就起床健身，「不運動我覺得不舒服，我會鬱卒。」

仔細閱讀，不難發現早起的名人都有一個共通點：會利用這段時間從事某種運動以減壓，維持身心的健康。

然而，早起並非忙碌的現代人專利，歷史上不乏早鳥的範例。

國學大師曾國藩每天天未亮就起床，視夙起為修身養性的基本與家訓，他在家書中明示胞弟：「勤字工夫，第一貴早起，第二貴

有恆。」去掉惰性最好的方法就是從每天早起做起。

　　放眼西方，美國開國元勳之一班傑明・富蘭克林無疑是最出名的「能者多勞」。建國之外，富蘭克林在有生的84年中，發明避雷針、在物理學與人口研究方面有重大的發現、寫作、作曲、展現高超的小提琴、豎琴和吉他演奏才華等等之外，還創立了包括賓州大學在內的多所民間組織。

　　如此驚人而豐富的成就，富蘭克林歸功於祕密武器：早起！一天多一個小時，一年就多了365個小時。此君最受歡迎的名言之一是：「早睡早起讓人健康、富足、有智慧。」而且不像拿破崙每天只睡三、四個小時，長期下來恐有礙健康，富蘭克林每天早上5點起床，晚上10點就寢，頗健康地睡足七個小時。

　　另一最為人熟悉的早起人士是梭羅，這位先生習慣每天沿著茵夢湖散步，在晨曦中思索各種人生哲理。對於梭羅，早起走路不但是腦力，也是一種自制力的鍛鍊，是精神上一種「宗教性的修煉，我所做的最棒的事之一。」（It was a religious exercise and one of the best things I did!）

　　「獨處」無疑是思想與哲學家最好的朋友，而「散步」則是維持他們體能健康的最佳處方。德國哲學家康德是另一位夙興的散步達人，日復一日不管颱風或出太陽，固定早上5點出門，那一絲不苟的生活規律與自制力，據說鄰居們甚至依據他的作息來調整家裡的時鐘。

　　不用照料小孩，也不用上班或上學，梭羅與康德不是為了外在的理由，或為了擠進更多工作時間而早起；相反地，他們利用清晨這段「什麼也不做」的時間獨處與沉思，去開發自覺，訓練專注力與創造力，為接下來的一天「設定意向，重新啟動，重新準備

（set intention、reset、recharge）」。

「一天之計在於晨」，經過一夜的休息後，早上的新鮮空氣讓腦細胞充滿活力，讓人注意力更集中，不論利用這段時間思考、計畫或工作，效率都會更顯著。

回到我的早起時光：清晨5點，當我把車退出車庫時，天色依然灰濛，無人的街道安靜無聲，夜裡下過雨的路面透著濕氣。停在平日忙碌的十字路口前等綠燈時，突然有一種身處異境之感：這一刻，世界完全與昨日隔離了，昨天過得如何，是好是壞皆已成過去，眼前這全新的一頁，充滿未知，充滿可能性，最重要的是：不管今天將過得如何、會發生什麼事，因為早起，我已經擁有最安靜私密的一段美好時光。

🗒 夜貓子、習慣晏起或賴床的你，若想加入早鳥一族，不妨從以下幾個方法著手

1. 早睡早起。改變熬夜的習慣，少追幾集電視劇，試著把一天的作息往前挪，早睡早起精神好，很簡單的道理。

2. 睡前避免滑手機。這一點對很多現代人很難，需要一點自制力與練習。與其讓手機的螢幕光線與滑過的內容干擾睡眠，可以改讀內容輕鬆、不太需要用腦的書，或是情節不是太緊湊、不至讓人越讀越興奮的小說，以幫助大腦放鬆。

3. 把鬧鐘放遠一點，最好是需要起身才搆得到的距離，以免醒來按下鬧鐘後一翻身又繼續睡去。

4. 調整臥室的光線與溫度，營造睡眠的氣氛。

5. 就寢後，即使無法瞬即入眠也不要起身，持續躺著讓身體休息，

該起床的時間一到，即使前一夜睡不好也不要賴床，維持固定的睡覺與起床時間，慢慢地就會養成新的作息習慣。

～～～～～～

星期天：長跑日。

天氣極不穩定，一早起來，雨下個不停，本想跳上跑步機，但機器上的長跑實在教人意興闌珊，我決定靜待大雨歇息。

終於，細雨中出門跑到放晴，汗雨不分地濕透了衣褲鞋，完成預定的10英里（約16.09公里）。

今天最開心的當屬：最後一英里擠出全程最快的速度，讓人對下次的長跑更有信心。多年之後，我終於慢慢懂得配速的技巧了。

早午餐我做了根菜煎餅加煎蛋，加上昨天烤的全麥香蕉蛋糕、水果與咖啡。放下刀叉時不覺地大大地嘆了一口氣，啊！身心皆滿足的週日上午。

📅 2021年7月19日（第8週）

「生活不會變得更容易或更寬容，但我們會變得更堅強和更有耐性。」

——史蒂夫・馬拉博利（Steve Maraboli，勵志演說家、作家）

週三。另一個濕度達100%的悶熱清晨，感覺太陽得很用力才能突破厚厚的雲層，這應是記憶中雨量最高的一個夏天了。

暖身、跑姿和技巧練習之後，又到了下場的時間。今天，雪倫教練的要求如下：

- 盡全力地快跑一分鐘，慢跑一分鐘，重複6次。
- 800公尺重複5次，中間各慢跑90秒。

不同於200或400公尺的短程衝刺，800公尺同時訓練速度與耐力。

教練重複地：「背挺直、輕且快地觸地、運用核心、提高腳步，還有，不要忘了呼吸……」提醒聲中，我跟著同隊年輕媽媽瑪麗和珍的矯健步伐，一次次跑出自己最好的成績，最後以5'15"／公里的均速完成整套課表。

訓練完，大家一貫地聚在場邊閒聊。這群跑友的年紀、種族與背景皆異，不少人跟我一樣，是為了即將到來的比賽而受訓，有人只為了想跑更快，並不興參賽。其中，70幾歲的白人老先生史考特跑齡長達60年，身手矯健的他每週準時到場，緊跟著隊友絲毫不顯老。言談與討教中，我不斷地從跑友身上獲得各種有關跑馬的訣竅和鼓勵，對前方的長路更多了些信心。熱愛跑步的人大多認真又熱忱，多麼榮幸身為其中一份子。

回家之後，我的早餐是：一條香蕉，一片全穀吐司塗有機花生醬，一顆白煮蛋和 份水果。

誰知，10點時，接了去越野訓練的海奕回家後，我又餓了。幫他做了厚實的貝果夾酪梨、蛋的同時，我也用一半的全麥貝果，

給自己做了一份輕型的同款早午餐。

酪梨蛋和全穀土司是我最喜歡的運動後的食物之一，它飽含健康的碳水化合物、脂肪和蛋白質，且準備起來非常簡易。蛋可以做各種變化，或煎蛋、炒蛋或水煮蛋切片，酪梨泥灑上一點點綜合調味料，土司烤得透脆，搭配排毒效果好的新鮮莓果，如此簡單，如此美味。（更多跑者的食譜請見我的前作《跑出最好的自己》）

📖 馬拉松訓練期的飲食營養

吃什麼？什麼時候吃？如何讓食物發揮最大的效力，幫助你補充、修護與維持整體的健康？跑馬者的飲食規劃跟訓練表一樣的重要。

隨著里數的增加，訓練中後期和比賽日，跑者可能消耗到100卡路里／一英里（1.61公里），意即每15英里（約24公里）消耗1500卡路里以上的熱量。這些流失的熱量必須靠食物來提供與補充，如果你吃的不夠，撞牆或其他種種不適將隨之而來。

肌肉是維他命、礦物質、碳水化合物的儲存盒，不能流失太多，因此，跑完第一步是補充足夠的卡路里。吃多少，跟你當天訓練的密集度與長度有關。整體而言，馬拉松訓練期，你必須多吃，視距離，一般的原則是：

階段	時間	原則
跑前		60-90公克的碳水化合物並加上一些蛋白質（比如，一個貝果塗上花生醬）。
	45分鐘以內	可以不必補碳水化合物，補水就可以。
	45-75分鐘	15-30公克的碳水化合物和水。
跑時	1-2.5小時	每小時補30-60公克的碳水化合物（比如每30分鐘一條能量劑），每15-30分鐘喝3-6盎司（90-180CC，一口大約30CC）的水和運動飲料。水和運動飲料最好輪流，且能量劑最好配水，而非運動飲料，以減輕腸胃的負擔。
	2.5小時以上	每小時補60-90公克的碳水化合物，每15-30分鐘喝3-6盎司（90-180CC）的水和運動飲料。
跑完		除水分和含電解質的飲料之外，以3:1的碳水化合物與蛋白質比率做補充（比如，一杯以希臘優格加水果打成的果昔），跑越長所需補充的能量越多。

切記：**碳水化合物不是罪人，攝取碳水化合物就會胖的觀念是錯誤的，尤其對於跑者，碳水化合物幫助你跑得更快，維持精神與體力。營養或熱量不足無法支撐你的訓練表，還可能導致體力不支和修護不良。**

　　隨著訓練的密集，體力消耗漸增，除碳水化合物之外，全馬跑者還必須更注意蛋白質的攝取。一個體能活躍者一天應該攝取1.2-2.0公克／公斤的蛋白質，意即，一個70公斤的跑者，一天需要84-140公克。如何分配端視個人的飲食習慣，最好是運動完兩小時內則立即補充15-20公克的蛋白質，主餐與點心都包含。

　　富含蛋白質的日常食物比如：

雞胸肉（3盎司，20gm）

豆腐（1/2量杯，10gm）

希臘優格（1/2量杯，10g蛋白質）

牛奶（1量杯，8g）

豆漿（1量杯，7-12g視品牌）

堅果（1/4杯，6g）

香蕉＋花生醬（2湯匙，8g）

全麥土司夾蛋（1顆蛋，6g）和酪梨

蘋果片沾杏仁醬（2湯匙，6g）

另外，很多跑者會發現，馬拉松訓練期間體重增加了，這是正常的，原因一般如下：

- 攝取的碳水化合物增多。
- 跳過跑前與跑後的立即補給，稍後放縱飲食的機會提高。
- 訓練讓你多了些肌肉。
- 睡眠不夠，導致可體松（皮質醇）提高而嗜糖。

切記：攝取充分的熱量與養分，不要利用跑馬來減肥，與其在意身材瘦不瘦，注意你的體力是不是充沛，享受食物而不是限制或控制飲食。不要少吃，而是吃質量好的食物，舉凡蔬果、全穀、堅果、瘦肉等。避免不好的食物像是糖果餅乾、披薩、炸物、可樂汽水等。總之，體重計無法測出你的整體健康狀況，你的快樂和最佳跑況，不該由體重計上的數字來決定。

～～～～～～～～～～

這一週，我床頭上擺的書是彼得・薩加（Peter Sagal）的《不完整的跑步書》（*The Incomplete Book of Running*），作者生動親切的筆調給人許多閱讀樂趣。

　　猶太裔的彼得‧薩加爾畢業於哈佛大學，是美國公共電台最歡迎的節目之一「Wait Wait... Don't Tell Me!」的主持人。這個節目對名人來賓和民眾參與者進行當週的新聞問答，薩加爾以聰明、幽默和反應快出名，他也是《跑者世界雜誌》的專欄作家之一。

　　剛滿40歲時，這位性格沉穩、身材矮小、禿頭且常久坐不動的廣播明星開始認真地跑步，令他驚訝地，他越跑越快，越跑越遠，在美國和世界各地跑了數萬英里，也跑了14場馬拉松，包括2013年的波士頓馬拉松（該年他擔任一位半盲跑者的義務引領員，在波士頓爆炸案發生前5分鐘跨過終點線）。

　　除了個人與跑步的淵源，書中，薩加爾也探究跑步究竟有什麼威力和魅力？為什麼很多人利用這個運動來修護關係、幫助自己從失敗中站起。當他的19年的婚姻結束時，薩加爾說，「跑步保護我，幫我分散注意力，做好迎接挑戰的準備。」針對很多人所說的，「如果你可以跑一場全馬，就沒什麼可以難倒你的事。」他歸納出以下幾個答案，相信愛跑的人會深有同感：

- 給你很多獨處的時間。
- 不假他人。
- 體能與精神同時受到磨練。
- 幫你更有效率地生活。
- 讓生活輕重更形明顯（比如，當朋友找你去參加派對、尋樂時，不行；追劇，不行，因為你要早起跑步）。
- 是一門學問，提供不斷學習與成長的成就感。
- 流動（Flow）的快感：當掌握到跑步的節奏與樂趣時，是一份無法言喻的快感。

❖ ❖ ❖

星期天：長跑日。

一早醒來，窗外陰雨不停。

吃完早餐，換好衣服，一切就緒時，雨勢依然不減，我決定先跳上跑步機，等雨轉小之後，再出門路跑。

跑到4英里（約6.4公里）時，雨終於歇了。出門後，我沿著一貫的路線在鄰里間跑了1英里（約1.6公里），然後重回家門口，吃下事先放在階梯花盆旁的能量劑，拿起水壺補水後，放下水壺，決定再跑個4英里後再繞回來補充，如此可以讓雙手輕鬆一些，只是沒想到後來越跑越遠，就再也沒有經過家門。

到了最後的3、4英里（約6公里），雨勢再度轉強，這時我心想，既然已經濕透了就繼續向前吧，滂沱的雨打在身上，上衣濕黏在身上，跑鞋浸水，全身和鞋襪很快全濕透了，活脫脫像是一隻落湯雞。空靜的路上毫無人蹤，偶爾車行而過濺起一陣水花，心想，反正已經濕透了，無差。

跑完12英里（約19.3公里）後，我發現最近幾次長跑與以往的最大不同是，最後仍有力氣加快一點點，比如今天，我知道至少可以再跑個2、3英里（約5公里），雖然15英里（約24公里）距離26.2英里（約42.2公里）還很遠，但那份知道可以跑更長更久的發現，足以給人許多繼續下去的信心。

📅 2021年7月26日（第9週）

「跑一次可以改變你的一天，跑很多次可以改變你的一生。」

——出處不詳

終於，一個陽光明亮、氣候乾爽的天氣，清晨的陽台上，盆栽植物似乎都暢快地呼吸著，我也是。

早餐我準備了現烤的全麥鬆餅、炒蛋、水果和咖啡。

坐在陽台上用餐，遠遠望去，前方果嶺上，陪著園丁領班「大麥克」修剪草坪的一隻黑狗，顧自在綠地上奔跑玩了一陣子後，耐心地趴在一邊，等著主人整理完這一洞後，朝下一洞前進。沒有圈繩，從不跑遠，黑狗總是守在看得到「大麥克」的距離之內，一聽到主人把工具擺上小卡車，牠豎地跳起，朝下一片果嶺奔去，似乎早已把18個洞的地圖記在腦裡，熟門熟路地。有時，黑狗一躍上車，坐在大麥克旁一起兜風向前。諾大的球場，狗與人，透露出一份相伴與互信的關係。

❖　❖　❖

星期三：跑道訓練。

今天的課程卜，從教練事先email來的訓練內容，我們知道今天里數會比較多：

- 1英里（約1600公尺）節奏跑（10k速度）
- 4×400公尺間歇跑（5k速度）

略事休息後，整套重複一次。

清晨下著小雨，因為沒有閃電打雷，雪倫教練並不喊停。涼快的雨打在流汗的身上很舒服。這是我跑過的最長的跑道距離，全程必須力拚，還好中間有休息交替。

400公尺重複4次時，教練說，我們這一組只要維持2分零5至15秒之間，就算不錯。第一趟，我、瑪麗與珍在2分10秒內抵達終點。休息了45秒，重新起步時，我突然覺得腳步輕快，很快地超過前面的印度裔中年跑友蘇希爾，「妳好快！」他喊了一聲。一馬當先，我第一個跑完第二圈：1分54秒！個人最佳400公尺紀錄，連自己都有點驚訝，這完全得歸功於隊友一起訓練的刺激，若我一個人跑，肯定無法跑出這個速度。

課程結束後，不用說，大家今天聊的都是奧運：17歲的金牌泳將莉迪亞·賈柯比（Lydia Jacoby），她的故鄉阿拉斯加只有一座50公尺的泳池。夏威夷的卡莉莎·摩爾（Carissa Moore）奪下美史上首面女子衝浪金牌。體超選手西蒙·拜爾斯（Simone Biles）宣佈退出所有比賽，對於菁英運動員所遭受的身心壓力，跑友們都不免佩服又嘆息。「還好我們都只是業餘。」大家異口同聲地說。

星期五：節奏跑。

隨著訓練進入中期，週五的輕鬆跑開始改成較密集的節奏跑，

等訓練後期減量時再回復為輕鬆跑。

今天的課表：

- **1英里（1.61公里）暖身**
- **4英里（6.44公里）以10K的均速跑**
- **1英里冷卻**

7月已進入尾聲，按計畫這是本月最後一次跑，回到家卻發現總里數是99英里，還好7月有31天，破百沒問題。

100英里（約160公里）對路跑大神們不算什麼，有人大概一個禮拜就跑那麼多，但這卻是我的新紀錄。之前提過，一週至少跑25英里（約40公里）是我對自己能否參加全馬賽的基本要求之一，我能不能跑更多？或許可以，但我知道自己的體能更適合「不求多不求快，慢慢地累積」。

轉眼間，訓練表已完成大半了，跑步的時間越來越長之外，修護、交叉訓練、閱讀與跑步相關的資訊等所佔據的時間也越來越多，連跟家人一起用餐或散步時，聊的也全是跑步；同時，我對各項賽事變得更敏感，更注意菁英跑者的訓練與動態。馬拉松這件事時時刻刻存在生活裡，生活重心完全轉變了。

隨著訓練，我可以感覺到自己的身心皆比年輕時更強壯、更穩定，完全不察已過半百的年紀。

不禁想：50歲該是什麼樣子？我竟找不到一定的標準。

研究顯示：人們通常自認比真實的年紀年輕，一個50歲的人，即使外人把妳阿姨、姊姊甚至大嬸地叫，自我的感覺很可能是40幾歲或者更年輕。

　　若真要探討一個中年人的理想體能，除了健檢上的數字之外，我發現以先生曾提過的下列「自我測試」最為實際：「體型體態之外，更重要的是你整體的靈活、平衡與穩定性；比如，長途步行、上下樓梯都沒問題，跌倒前可迅速地穩住重心，還有，從下蹲到站起無需輔助，單腳抬舉站立或跳躍後再落地都很穩定……」

　　週六。天氣大好，攝氏65度（約18℃），濕度55%，氣溫涼爽，徐風宜人。

　　本是休息日，該做肌力練習，但我決定去跑1英里，跑滿本月的100英里（約160公里）。一出門，舒適的天氣讓人忘我地一直地跑下去。天空蔚藍無雲，偶爾幾隻鷹張開大翅盤旋飛翔，尋找地面上的獵物。樹林裡，涼風徐徐，雖然明天還有12英里（19.3公里）的長跑，但實在捨不得停步。耳機裡，從莫文蔚到閻奕格，今天以華語歌取代平常的西洋跑步歌單。「我多愛跑步啊。」輕快的腳步下，我想我可以一直跑下去。

　　星期天：長跑日。

　　跑出最高的月總里數之外，跑道訓練上，我也在7月跑出個人最快的短距，因此，今天我把長跑里數縮短至10英里（16.09公里），讓身體稍得休息。

　　天氣是夏天難得的風淡雲清，只是太陽依然有一定的火力，在家附近以2英里（約3.22公里）暖身後，氣溫漸高。離開寬曠無遮的社區後，日照越炎，我決定跑向因為得跨過一條忙碌十字路口而

久久沒有造訪的大墓園，趁此上午時段，滿園的綠蔭應該會是一片絕佳的跑場。

週日的墓園比想像中忙碌，高聳的坡上、大池潭前的石教堂前，身著全白衣裙、頸上掛著一串珍珠項鍊、戴著大盤帽的女人與西裝筆挺的男人與小男孩站在一部豪華的房車前，驟看仿如一場進行中的婚禮，其實是週日做禮拜的儀式。

追逐著里數的我避開了人群，沿著墓園邊緣跑，這時，身後傳來兩聲輕促的喇叭聲，我往路旁移動，一位開著紅色敞篷古董車的老人經過我身旁，緩駛向前。當我們再度相遇時，老人已下車，正站在林蔭道旁，擰開水龍頭，拉長水管，朝著一片繁花盛開的墓地澆灑。

再繞半圈後，我看到右前方樹蔭下，一名中年女子坐在長石凳上講著手機，我跑過時只聽到她急促的聲音，想必正與電話的另一方談著重要的事。我想到，在這片墓園裡，曾與多少講手機的人擦身而過，而他們有個相同之處：總似旁若無人，神色認真且話語綿密。多麼奇妙啊，人們對四處安眠的鬼神似乎特別信任，似乎相信祂們會謹守自己吐露出的各種生活細節或重大祕密。

　　藍天、陽光、綠草如茵，墓園裡的凡人有數不盡的憂喜，而安眠的神鬼幽靈們則一片緘默，事不關己似地。

📅 2021年8月2日（第10週）

「如果它不挑戰你，就不會改變你。」

——佛瑞德・德維托（Fred DeVito，健身專家）

　　星期二晚上：「幹嘛報名這個跑道訓練，好辛苦，4:30起床好難……」

　　星期三清晨，訓練完：「真痛快，下週還要再來！」

　　一個大嬸跑者每週固定的內心獨白。

　　星期五：節奏跑。

　　8月的太陽火燄燄地直射，實在太曬了，加上趕著接送海奕，跑前來不及好好地補充水分，結果今天的1萬公尺，心肺與肌肉緊繃，始終跑不出理想的節奏。

　　跑完後，我開始等著觀看奧運馬拉松比賽的轉播。這次我尤其關注著上一場半馬賽時與她擦身而過、飛姿令人讚嘆的美國選手莫莉・賽德爾；不用說，那場比賽，我剛起步不久，她已折回。

　　考量東京的高溫，今年的馬拉松選擇在北部的札幌市舉辦，孰料，逢熱浪來襲，札幌今天比東京更熱，早上的溫度高達華氏100度（37.8℃）、濕度85%，螢幕中這些馬拉松選手超人的忍受與毅力實在太讓人驚嘆了。

兩個多小時之後，莫莉奪下銅牌！

27歲的她幾年前才從短距轉跑馬拉松，這是她的第三場正式全馬、第一場奧運賽。從不諱言曾受飲食失調與憂鬱症之苦的莫莉個性鮮明，甚受美國新一代運動迷支持。2020年感恩節她參加了線上的「亞特蘭大桃樹路10K跑賽」（AJC Peachtree Road Race），以一身火雞裝扮跑出34分33秒的佳績，從此被台灣跑迷暱稱為「火雞女孩」。

莫莉在小學四年級就有一個心願：「希望有一天能贏得一枚奧運金牌」。今天，她凌駕肯亞選手素來的壓倒性優勢，成為美國史上第三位贏得女子奧運的馬拉松跑者。眼看她跨過終點線，全程緊盯著螢幕的我也不免歡呼尖叫！

「永遠不要怕做大夢！」讓我們鼓勵我們的孩子，不論他們的年紀有多麼地小。

❖　❖　❖

星期天：長跑日。

14英里（22.53公里）之後，我被長騎回程的先生逮到最後半英里的掙扎。

出門騎車後在回程的沿途，先生總

會四處尋找我的蹤影。他繞著住家附近的樹林與大小馬路，猜想著我可能出現的路線，通常當他找到我時，我已在最後一段里程，一看到我，他便從車桿上拔下水壺或運動飲料，供我補給。這時的我通常步履蹣跚、疲憊掙扎，好在二十幾年共同生活下來，他已見過我的各種面貌。況且，長跑的實景中本無光鮮亮麗或美麗優雅，只有一副勉力邁向終點的身影，以及一份外人難以體會的咬牙堅持。

📖 長跑的訣竅（Long run tips）

長跑是馬拉松跑者的「主糧」與必備的訓練，除了鍛鍊體力與耐力，全馬跑者還可以利用它來練習配速、能量與水分的補給以及測試比賽時的裝備。經常練習，就算真正比賽時無法信心滿滿，也會幫助你減少緊張的程度。

長跑時的速度該是如何？

有些跑者喜歡以比賽那天的時間為目標，比如說想以4小時跑完，訓練時不管長短跑，都以9分09秒／英里（約5分42秒／公里）的均速為目標，以為一旦達成，比賽時就沒問題。

有些人甚至以更快的速度練跑，以為如此一來，萬一在比賽最後的里程掉速，依然有維持目標成績的機會。

這兩者都是不智的，即使幸運地沒有受傷，四、五個月如此密集地跑下來，身體長期處於「比賽」的狀態，到了馬拉松那天，肌肉很可能因為長期疲勞而無法達到預期的表現。

大多的教練會建議你，長跑時以5K的55%至75%速度跑最合適，比如，若你的最佳5K均速是9分／英里（約5'37"／公里），那麼你理想的長跑速度是減慢到11分至11分25秒／英里（約6'50"至

7'06"／公里）。

長跑需要體力也需要意志力，面對巨獸般的長距離時，下面幾個訣竅可以幫你強化心理，順利完成長里數：

- **以短距離「矇騙」大腦：** 出門前，先不要去想今天得跑16或18英里（25.75或28.97公里），而是告訴自己，只是出去跑個可親的短程比如4、5英里（約6.44或8.05公里）；然後，跑完5英里後再跟自己說，就再跑個5英里吧，依此類推，每次只專注在一個短距上。

- **把里程切開成幾段：** 一次只處理一個短距，賦予每一段距離不同的目的，比如跑10英里（約16.09公里）時，利用前3英里（約4.83公里）暖身，接下來5英里（約8.05公里）訓練馬拉松均速，最後2英里（約3.22公里）慢跑冷卻；也可以計畫：每2英里（約3.22公里）補一次水，4英里（約6.44公里）補能量，如此，每跑完一小段，就會感覺有一個小獎賞，以此激勵自己。

- **保持趣味：** 事先下載喜歡的歌單、有聲書或podcast，或規劃新的路線，以增加新鮮感。如果是跑跑步機，事先找一部好看的影集，一部接一部，娛樂自己，轉移注意力。

- **不去想已經跑完的，專注在未跑的：** 比如，若課表需要16英里（約16.09公里），不要一直去想已經跑完的10英里（花好久啊，好累）；而是想：「還剩6英里（約10K），這是我常跑的距離，沒問題！」

- **分次跑：** 若你當天無法一次跑完時，分次跑，比如早上跑個10英里（約16.09公里），下午6英里（約9.66公里），這雖

然不是最完美的方式，但比起總是跑不足里數好多了。

- **跑前充分的準備**：確定你前晚睡眠充足，跑前吃過豐盛的早餐，喝足水。跑時所需的水、能量補給、歌單等也都確實地做好準備。練跑的經驗越好，下次就會越想出門。

〰〰〰〰〰〰〰

📅 2021年8月9日（第11週）

「痛苦無可避免，但受苦是可以選擇的。」

——村上春樹

星期三：今天是這期最後一堂跑道訓練。

每個禮拜，雪倫教練會在一塊白板上寫出每一組的速度範圍，希望大家儘量維持在那個標準之內。今早，教練給我們開了一份有趣的綜合菜單。

- 1600公尺×1
- 1200公尺×1
- 800公尺×1
- 400公尺×2
- 200公尺×3

距離越短，她要求我們的速度越快。

感謝我的兩位年輕隊友，每個距離都領出具挑戰性的速度，緊跟著她們，我每一項練習都得以維持在5'25"／公里的均速以下，不負教練和自己的要求。

濕度98%的烤箱氣候，訓練完，汗透全身，衣服可擰出一地汗水；悶熱叫人難以呼吸，而另一股熱浪虎視眈眈，又即將來襲。

轉眼，10週的跑道訓練結束了，雖然辛苦，但若沒有嘗試，我永遠不會知道自己還可以跑得更快、承受更多磨練。

跑道訓練以來，我不時會想到「痛苦」這件事。

「為什麼我跑不快？」記得我曾經這麼地問先生。

「因為妳不喜歡很痛的感覺。」他說。

沒錯。從小到大，除非絕對的必要，我總是盡量避開不舒服，身心皆是。成長過程中，即使有一些難免的挑戰，總因為有家人當後盾而顯得倏忽即過。成年後，有時雖得離開熟悉的舒適圈，譬如，換到一個全新的職場，或獨自來到異鄉，但因為專注於適應陌生的環境或追求既定的學位或目標，當下並不覺得太痛苦。

一直到當了母親之後，我的忍受度與彈性才真正受到挑戰，或者說，被開發？

天下的母親大多一樣，不論身心多疲憊，無時無地，一聽到襁褓中孩子的聲響，便會立刻跳起，去抱著、揹著、長時哄睡或安撫那個最心愛的寶貝。隨著孩子的成長，一個母親必須學習以更大的耐心和體力去照顧與保護孩子、去解決各種前所未遇的問題，「為母則強」，很多女人是當了媽媽後才脫胎換骨。

母職的磨練之外，從小體育不佳的我，一直到開始跑步後才體驗到全新的痛苦──快跑時得力衝至極、呼吸困難、嘔心暈眩，感覺內臟都快吐出來的不適；長跑時不見路的盡頭、雙腿痠痛、意志潰散時的折磨，都成為我最新的身心磨練。

不論專業或業餘，幾乎每一位長年的跑者都具有或鍛鍊出一份特別的忍受力，高達70%以上的老將跑者身上都累積了某些運動傷

害，而經年競賽的菁英跑者更是具有超凡的忍痛力。

38歲的莎拉・霍爾（Sarah Hall）長年受髂脛束症候群（ITBS）之苦卻仍堅持不棄。莫莉・賽德爾更是全身傷痕累累，有一次她在骨盤受傷的情況下完賽，事後，醫生一看她的骨盤X光片，驚訝地問：「妳是被卡車撞到嗎？」難以相信她的傷勢之嚴重，以及這個女孩能忍痛的耐度。

除此，精神上，這些日復一日上場的運動員，不只得面對比賽殘酷的輸贏，還得面對無法達到自己與外在的期望、突破紀錄的挫敗等等折磨。

強烈的求勝動機與努力之外，我試著從傑出運動員身上學習一些消減（或轉移）精神折磨的訣竅：

首先，接受痛苦一定會存在，跑步原本不是一件輕鬆的事，尤其是比賽或訓練全速力衝時，肯定會產生不適。

再來，藉由想像到了某一段距離、或那個里數時，身體可能會開始透支，預先做心理準備。

真的很艱困時，盡量不去想痛的部位，比如如果是腿肌疼痛不堪，試著專注在不痛的部位，甩甩雙手、動動肩膀、微笑，都有助於放鬆。

最後，讓自己相信：跑步的痛楚只是暫時的，不管是100公尺或42公里，一旦跨過終點，痛苦就會停止。

📅 2021年8月16日（第12週）

「動機讓你起步，習慣讓你堅持。」

——吉姆・萊恩（Jim Ryun，美前眾議院議員、田徑選手）

　　這應是記憶中最潮濕的夏天之一了，出門時，空氣黏滯不堪，被日曬的水漬地面，散發出濕熱的蒸氣。我如洗三溫暖般地展開今天的7英里節奏跑：1英里（約1.6公里）暖身，5英里（約8.05公里）以半馬的比賽速度跑，1英里冷卻。

　　在門口做完動態暖身後，我朝坡下跑，經過第一條街，左轉，直跑到街底後折回，重複一次，這1英里是我固定的暖身時間。

　　清晨無人的社區，我經過各式風格的宅院：繁花盛開或修剪得無一絲雜草的完美草坪後面，矗立著一棟棟純白石泥或彩色飾磚的豪宅，高挑的門窗正對、或背對著綠意無垠的高爾夫球場。這裡是鎮上最富裕的區域之一，不難想像住戶各個來頭不小，據我所知，除了多位退休的CEO和高層經理人，還包括擁有本地球場的建商以及他的隔鄰——一位擁有一座一萬多平方英尺（約280多坪）豪宅及寬廣庭院的印度裔製藥商。雄偉的石牆旁，通常除了幾名園丁或修水電的工人忙碌地進出，宅裡的主人神祕無蹤，直到有一個星期天，我終於見到身穿白色高爾夫上衣、深灰短褲的中年屋主，「連出門散步都如此衣衫工整呢。」還記得當時腦中如此閃過。

暖身之後，我開始跑離社區，步上一條叫做「燈塔」（beacon）的大馬路。這是我夏天時最愛的一條路，近午仍有樹蔭之外，兩旁規劃有單車兼人行道，降低了大馬路的危險性。沿著這條路直跑，若往左，我可以跑進鎮中心，往右則可跨入鄰鎮，跑得很遠很遠。

星期天：長跑日。

又到了巡鎮的時候。早上醒來時，發現氣溫相對地宜人，可以慢慢地喝水、吃早餐、如廁……，結果出門時已近8點，太陽炎熱高照，這時心裡不免有一點後悔，只好沿途挑選比較蔭涼的路徑。

今天跑了15英里（約24.14公里），把整個水袋清空，吃掉兩包能量膠和一塊巧克力花生糖。欣喜地，前10英里（約16.09公里）的狀況良好，均速維持在11分／英里（6'50"／公里）以內，直到了後面2、3英里（約5K），水快喝光，感覺左腿也快抽筋了，才停步。

兩、三個小時在路上，數不盡的腳步、汗水、塵土與日曬，漫長路上只有我與自己的各種思緒、各種對話，腳力之外，全程還派上許多意志力，可以說，艱苦而甜美。

距離果真是練出來的，隨著一週週不斷地被推向新的挑戰，身體也不斷神奇地調適著；前途雖還有迢迢的11英里（約17.7公里），今天終於第一次覺得，或許，真的有可能以一定的速度跑完第一場全馬。

下午，我跑完步後，先生帶我去他騎車會經過的一些有趣景點。

搬進這個新英格蘭的老鎮之後，我們驚喜地發現鎮裡茂密的林道遍佈，喜歡騎車的先生一登上越野車後便很快消失，展開一、二十英里的林中長騎。

林間極罕見的白松鼠、海狸築壩的痕跡、俊美的鹿群、層層橘菇攀長在枯幹上、繁花盛開的草原、落葉遍地的長木橋；明顯的，穿林越嶺的他，沿途所見的風景比我的有趣多了。

把車停在一片幽靜的住宅區旁，我們走進一片幾無盡頭的樹林，來到第一站——先生撞見過兩次的鹿群出沒處。穿過一條樹葉與碎石混合的樹蔭長道後，不到幾分鐘，周遭密林環繞，四周一片安靜，祕境處處，就在人間。

不久，樹林中一間棄置的斑駁木屋旁，出現一片開闊的草地，「就是那裡。」先生在我身旁輕聲地說。

我們安靜不語，隔著樹叢保持一定的距離，輕聲地呼吸，等了約10分鐘，突然，前方茂密林叢裡果真冒出兩隻小鹿和牠們的媽媽。俊美英挺的母鹿警覺地審視著四周，貌似小鹿斑比的幼鹿們則跟隨其後，天真爛漫。突然，母鹿似乎察覺到什麼，拔腿往樹林深

處奔跑，小鹿們跟隨著牠，一陣騷動後，三隻鹿便很快地消失在深林裡。

離開樹林後，先生帶我去採梨。

車穿過鎮中心，我們來到他騎車會經過的一棟庭院。院裡，黑眼蘇珊、向日葵和白菊等在陽光下盛開，花叢裡直立著一棵結實纍纍的梨樹。

「請隨意採一顆梨，或一對梨」、「總是新鮮、100％純天然、一流的品質」主人在樹前掛出兩個非常友善的牌子，可愛地自打廣告之外，並幽默地點出英文「一對梨」（a pair of pears）的發音趣味；更顯誠意的是，梨樹前的柵欄上還倚了一根方便人採梨的長竿。

我們開心地採了兩顆，留下滿樹的梨子給別人，一起分享這家主人的美意。

🗐 炎夏跑步注意事項

夏天練跑，炎熱的溫度是跑者的大敵，一不小心就很容易曬傷或中暑。一般的原則是，避免在異常高溫的時段長跑或做密集訓練。如果非得跑，儘量找有遮蔭的路線。《跑者的世界》雜誌在2021年4月號中有一篇夏日的跑步提醒，非常實用有益：

- 剛開始速度放得比平時慢，如果感覺不錯，中途後再慢慢加速。
- 穿著越輕越好，衣褲的顏色越淡越好，選吸汗透氣的質料，記得戴帽子，塗上防曬係數30以上的防曬品。
- 提早喝水，頻繁補充。上路前一個小時，喝16盎司（約480cc）

的運動飲料，起跑之後，每20分鐘補5-8盎司（約140至220cc）的運動飲料，運動飲料比水好，因為可以補充因為流汗而失去的電解質，又好喝，會讓你多喝一點。

- 耐性。慢慢地增加訓練的里數和重度，給身體時間去降低心率和核心的溫度。

- 挑有草地和綠蔭的路線。城市的馬路一定會比郊外熱，因為柏油和水泥較吸熱，盡量找公園。

- 可能的話，順風出門，逆風回來，迎風而跑會讓你涼快一點，尤其在後段時。

- 盡早或傍晚出門。即使是最熱的天氣，太陽出來和下山之後總是最涼快的時段。不要太晚跑，體溫增高會妨礙睡眠。

- 一旦出現頭痛、虛弱、嘔心、冒冷汗或肌肉抽筋等中暑症狀時，馬上停止，休息，用冰毛巾敷額頭和脖子，並盡快補充含鹽的食物和水，以平衡電解質。

〰〰〰〰〰〰

📅 **2021年8月23日（第13週）**

「我跑步不是為了延長生命，而是讓日常更有生命力。」

──羅恩・魯克（Ron Rook，美退役海軍軍官、馬拉松跑者）

星期天：長跑日。

灰濛濕重的早晨，黏膩的空氣，黏膩的汗水，跑程中我不時掙扎著如何更順暢地呼吸。

再過4週就要開始減少里數和密度了（taper），今天再往前，推到17英里（27.36公里）。速度其次，主要是把那些漫漫長長的里數跑進雙腿、心肺、雙肩、背脊、大腦……裡，同時不斷地與意志對話，每當疲憊不堪、想轉身回家時：「再往前跑一點點，一點點就好，妳可以的。」

每天想的全是跑步，今天三個多小時在路上，腦中盡是：「若以11分速（約6'50"／公里）跑完前面16英里（約25.75公里），接下來的10英里（約16.09公里），以12分速（約7'27"）跑，破5應該有望，問題是，後面能維持12分／英里的均速嗎？」、「如果前面半馬跑2小時20分，後面一半能維持在2小時40分之內嗎？」、「每4英里吃一條能量膠，還是每30分鐘？26英里應該帶幾條？放在哪裡？」、「等等跑完，吃一顆蛋60g熱量，一片全穀麵包110g……」

數學讓人清醒。

📅 2021年8月30日（第14週）

「你不是因為老化而停止跑步，而是因為停止跑步而老化。」

——克里斯多福・麥克杜格爾（Christopher McDougall，

《天生就會跑》作者）

趕在下雨之前，完成6英里（9.66公里）間歇跑：

- 1英里暖身
- 1英里半馬速度
- 0.5英里（約800公尺）10k速度×2
- 之間慢跑400公尺
- 0.25英里（約400公尺）5k速度×2
- 之間慢跑800公尺
- 1英里冷卻

　　終於告別燠熱潮濕的8月，要進入9月了，我期待著更涼爽的路跑天氣。

　　9月也將是更挑戰的一個月，我準備好了。

　　這幾天讀的跑步書是《50歲以後的跑步：給長輩跑者的建議和啟發》（*Running past fifty: Advice and Inspiration for Senior Runners*）。

　　書中，資深馬拉松跑者與作家蓋兒‧華什‧基斯列維茲（Gail Waesche Kislevitz）訪問了三十幾位7、80歲以上的年長跑者，包括第一位以70歲高齡創下3小時之內全馬紀錄的加拿大籍跑者愛德‧惠特列克（Ed Whitlock）和當年被拉扯出起跑線的第一位女性波馬跑者凱薩琳‧斯威策（Kathrine

Switzer）等跑界耳熟能詳的人物，紀錄他們如何從長年的跑步中受益，並提供一般高齡跑者有關老年的跑步訓練、傷害預防、出色的個例經驗與智慧等。

有趣地，基斯列維茲發現，受訪的這些高齡跑者不乏「強迫症」（OCD）的個性特質：「開始跑步後就停不了，且鬥性極高，」他們把跑步當作一項天賦和才能去培養，去珍惜，「像照顧一位至交老友般去培養與照顧跑步這件事，永遠不要不尊重它或視之為理所當然。」

他們很多屬於前美名記者兼主播湯姆・布羅考（Tom Brokaw）在1998出版的《大蕭條時代》（*Greatest Generation*）一書所描述的那一代：「這些男人與女人有一份謙虛的天性，展現出一種具有責任感、榮譽感和信仰的特質。」

其中很多人成長於貧苦的環境，從小就得勤奮工作，例如曾三餐不繼的查理斯・米利曼（Charles Milliman），養成了勤儉、什麼也不捨得丟的習慣。他把跑過幾百場全馬，以及每年生日都固定跑那個年紀里數（85歲生日那天他花了35小時，不分晝夜地跑了85英里）的能力歸功於早年養成的勤奮天性。

另一些是1946年「嬰兒潮」後出生的長春跑者，他們一樣韌性十足，不論是反戰或爭取女權，他們不保持緘默，善於設定目標和搜尋資訊，且有強烈的社群意識，其中像是打破舊規、協助改變女性路跑賽規則限制的茱麗亞・察斯（Julia Chase）；還有年輕時一度是競賽跑者，後來為了家計而與跑步疏遠、50幾歲時重新上路的德魯・史維斯（Drew Swiss），他從未忘記來時路與成長的艱困，長年為弱勢兒童籌款而跑，至今已募款超過70萬美金。

書中，曾祖母跑者茱麗亞・霍金斯（Julia Hawkins）被稱譽

為「颶風」，在2021年11月，路易斯安那州的老人運動會上，105歲的她創下100公尺年齡組的新世界紀錄。100歲時開始跑步的她見證過飛機、電視和手機的發明與人類登陸月球等創舉，她勤奮、感恩，自認把孩子養大成人和被愛環繞是一生最大的成就。

不要擔心跑得慢，只擔心連動都動不了。這些長輩跑者改變了人們對老年人的刻板印象。貝蒂・林德伯格（Betty Lindberg）形容自己以前是個沙發馬鈴薯，直到63歲開始跑步才改變。現年93歲的她覺得自己像個小孩，想做什麼就做什麼。她跟小女孩一樣擅於使用手機，維持獨自開車到所居的亞特蘭大市的蘋果電腦店去維修手機，或到跑團和跑友一起做訓練。

78歲的凱西・伯根（Kathy Bergen）喜歡坐在操場邊跟女孩們聊比賽、成績以及進入另一個新的年齡層的感覺等等與跑步有關的話題。她的孫子們覺得她很新潮，比起大多老奶奶，他們愛極了凱西身心如此活潑與年輕。

逆齡？這些長輩跑者不認為人類可能逆齡，但卻一致認同，保持健康的身心是減緩老化的最佳途徑。

他們都感謝雙腳，帶領他們跑完一場場比賽，跑向人生終點。

他們都有一個相同的目標：都想永遠跑下去，直到跑不動為止。

除了《50歲以後的跑步》書裡這些令人深受啟發的長春跑者之外，平時我也關注著目前成績最耀眼的幾名女性高齡菁英跑者，像是珍妮・萊斯（Jeannie Rice）和珍妮・希欽斯（Jenny Hitchings）。

韓裔的美國跑者萊斯是一位退休的房屋仲介，2024年4月，76歲的她在倫敦馬以3小時33分27秒，再度刷新自己前一年在芝加哥馬所創下的女性75-79歲世界紀錄。同時，她也是美國田徑協會的

大師錦標賽（USATF Masters Championships）三項女性年齡層紀錄保持人：1,500公尺（6分14秒）、5,000公尺（22分41秒）和10,000公尺（46分53秒）。

希欽斯則以2小時45分27秒創下2023年倫敦馬女子55至59歲組世界紀錄。現年59歲的她是這個年齡層的最高齡選手，這也是她40年跑步生涯中個人最佳全馬成績。

前波馬冠軍兼作家安比‧伯傅（Amby Burfoot）在2023年6月的跑步專網《戶外跑步》（*Outside Run*）中，對這兩位女跑者有一篇詳細的訪談，從中不難看出這兩位優秀的年長女跑者有一些共同的特徵：

身材嬌小精實：萊斯身高約157公分，體重44公斤；希欽斯身高162公分，體重45公斤。兩人都跑了數十年了，訓練上始終堅持一貫，全馬備賽期間都會跑上多次20英里（約32.19公里）以上的距離。

關於私人教練：萊斯覺得請教練昂貴，且會有一些她不一定喜歡的要求，所以沒有私人教練，憑藉的是自己的直覺與經驗和跑友的建議。後者本身就是一位跑步教練。

跑步習慣：出門前，兩人都喜歡享受一杯咖啡和早餐後再上路。萊斯起得很早，逢20至23英里（約32.19至37.01公里）以上的長跑日，她甚至在清晨3:30就起床。

關於受傷：兩人天生好體質且幸運。萊斯表示自己從未因跑步而受傷過（除了一次因跌倒而被迫休息）。她一週上健身房做3次肌力訓練，平時也喜歡打高爾夫球。後者只要有機會就做輕量的重訓，並以一次騎數十英里的自行車和皮拉提斯做為交叉訓練，以提

高身體的彈性。

飲食上：兩人都無禁忌，萊斯的早餐通常是燕麥片配水果和堅果，午餐和晚餐則以沙拉和海鮮為主，她不喜甜食，但喜歡乳酪和堅果，會額外補充鈣、維生素D、B-12和鎂。希欽斯則吃得「清淡均衡」，以真實非精製的食物為主，進行馬拉松訓練期間，她會加一些高蛋白奶昔以維持體重。嗜甜食的她每天會吃一塊巧克力或糕點。

態度上：她們都希望持續破年齡組的紀錄，期許自己跑得比年輕時更快，最重要的，她們對跑步的熱情數十年如一日，希欽斯說：「我已經跑很久很久了，有時有人問我『什麼時候要停止』？我為什麼要停？我持續地跑得比以前更快，持續地享受著跑步。」萊斯不諱言自己喜歡競賽，她說：「只要我能，我很願意進行艱苦地訓練，對創新更多紀錄感到興奮，也許會一直跑到80歲以上。」

兩位跑者一致認同，完賽時間確實是跑步的一部分，但更重要的是態度。「找到適合你的目標，然後去追求它！」無論生日蛋糕上多了幾根蠟燭，她們都不打算改變這份自我挑戰的心態。此外，萊斯和希欽斯一致希望有更多人加入她們，「如果我們保持積極的態度和動力，我們可以做得比想像的更多，可以打破長期以來人們對衰老的既定印象。」

在他的書《永遠跑下去》（*Run Forever*）裡，長跑老將安比‧伯傅有很多令人受用的經驗之談，談到年紀與跑步時，他說，「過去五十年裡，我每年都在變慢，然而，我拒絕停止追求卓越。不要停止移動你的雙腿和運用你的大腦，一起，它們可以帶領我們

進入新的、前所未能想像的領域——一片遠遠超出我們身體極限的領域。」

數十年跑下來，他說，「我學到的是，跑一兩次（或一兩年，或一、二十年）後放棄幾乎無意義，真正的跑者是堅持下去，唯有堅持下去才有價值。我們從衝過一次終點學不到什麼，我們從終身的旅程中才能學到許多。」

如果你也是一位活力十足、仍想繼續競賽的年長跑者，80多歲的國際菁英跑者、曾創下波馬與紐約馬年齡層紀錄（44歲時的波馬成績：2:20:15，50歲時的紐約馬成績：2:28:01）的羅傑・羅賓森（Roger Robinson）是另一位極具啟發的典範。

跑齡高達七十年的羅賓森，78歲時動了雙膝手術，恢復後很快重回到跑場。他給依然追求速度的老年跑者的建議，首先仍是暖身，「（上了年紀）暖身是前所未有的重要。小孩剛吃完午餐，不用3秒馬上去跑步沒問題，老人則不同。不管是間歇速度訓練的第一圈，或是長跑的第一英里都是最困難的，你那老身體難免要發出一連串的抱怨抗議：『什麼！又來了？饒了我吧，沙發在哪裡？！』這時，給自己15分鐘，讓心跳有時間去加快，讓氧氣得以傳送到血液，最後到肌肉，那感覺很像啟動一部老車的引擎，但到了這個年紀，一開始跑得很慢是沒什麼好丟臉的。」

另外，「如果你的目標是參加比賽，你需要訓練比賽的兩個基本要素——速度和耐力，就是這麼簡單。你需要逐漸且謹慎地增加跑量與訓練量，讓身體適應每個新的超負荷量。為了提高速度，你需要以比賽的速度進行重複的間歇訓練，並逐漸增加訓練的次數和質量，加入加速的節奏跑以增加變化。至於耐力，你需要一般的長跑，並逐漸增加時間或距離。」

「比賽的速度會讓你喘不過氣，長跑會讓你感到疲倦，就像年輕時一樣，但幾個星期和幾個月後，身體會適應，無論是在速度還是耐力上，都會如同以往一樣。事實上，我在80多歲時驚訝地發現，它（身體）在這方面的進步有多快，我還沒有找到極限。」（2020年7月《戶外跑步》網誌）

2022年5月，在佛羅里達的全國長者運動會的10K競賽中（The National Senior Games），羅賓森以54:10（8'43"／英里，5'25"／公里均速）拿下男性80歲以上的分組冠軍。

「沒有什麼比跑出一個PR更讓人忘齡！」他說。

📖 年長跑者注意事項

人類的身體是為了勞動而設計，並且從中受益，所有針對老年運動的研究都顯示：運動能延長壽命，提高生活品質，減緩關節退化和慢性病。尤其，年齡越增，骨質密度會隨之降低，跌倒時可能導致骨折的機會也會增加。對抗這些退化，近來的研究發現（見《跑者的世界》2021年6月號），高強度的運動（包括跑步）最能有效抵抗肌肉質與量的下降，更有助於激活骨質密度，增進骨骼健康。

然而，跟年輕的跑者一樣，中老年跑者必須秉持避免過度訓練的原則，除此，還需更注意：

● **健康狀況**：清楚自己的整體健康與體能狀況，定期體檢，尤其是心血管與肌骨狀態，若有任何健康問題或疑慮，在投入密集或馬拉松訓練之前，最好先諮詢過醫生。

- **適當的訓練量和強度**：根據個人的體能與健康，調整跑步的頻率、距離與強度，由慢而快，由短距而逐增運動量。

- **暖身與伸展**：跑前充分暖身，不但有助於跑步效率，更能減少受傷的風險。起步後，一如羅賓森所強調，容許自己以更多的時間逐漸加速。

- **選擇適當的裝備**：適當的跑鞋與衣物，提供良好的支撐、防震與散熱。

- **加入肌力訓練**：隨著年紀增長，我們會有一定程度的肌肉流失（「肌肉減少症」sarcopenia）導致肌力、活動能力和整體體能的下降。定期運動，特別是肌力訓練如舉重，可以幫助減緩肌肉流失並在老化的過程中保持肌量。

- **均衡營養的飲食**：攝取足夠的營養，尤其是蛋白質和維生素，以維持流失的肌肉量。更注意補充水分與能量補給。

- **更注意休息**：不像年輕時，一天的密集訓練後，隔天或休息一天後即可上場，中老年的你需要較長的休息時間，睡眠也比以前更重要，每晚盡量有優質的七至八個小時以上的睡眠，或日間小睡片刻，都有助於跑步後的修護。

- **注意安全**：避免交通繁忙的道路和危險的區域，光線微弱處使用反光裝備，以確保他人能夠清楚地看到你。此外，年長的跑步者往往比年輕的跑步者更容易拖著腳跑，因此要更小心樹根、石頭和不平整的路面。

- **設定實際的目標**：隨著年紀，你的速度可能會下降，訓練完的疲憊感可能更深，適時調整你的目標與課表，傾聽你的身體，專注於享受跑步的過程。

📅 2021年9月6日（第15週）

> 「最終，你會明白，競爭的對手不是別人，而是內心那個想讓你放棄的小聲音。」
>
> —— 喬治・席漢（George Sheehan，美醫生、跑者、作家）

終於，終於，天高氣爽、舒適的路跑天氣。

早上送海奕到學校參加越野校隊的季前訓練後，我沿著寬廣綠意的校園進行今天的4英里（6.44公里）恢復跑。

逢註冊日，來自全球各地的學生陸續進入了校園。在父母的陪伴下，滿臉青澀與興奮的新生走過臉上畫著彩妝的舊生歡呼迎接的隊伍，展開認識同學與師長，探訪獨棟的紅磚宿舍、各具特色的教室、餐廳、圖書館、體育館、舞蹈與戲劇工作室、音樂廳、美術館、教堂等，行程忙碌。

眼前，海奕已進入最後一年的高中生涯，走在大校園裡熟門熟路，不時會遇到打招呼的師長與同學。三年來，他的身心與學業皆受到巨大的挑戰，學識、視野、品格、情感、耐力與體能都如蝶破蛹。

只有一個孩子，每個階段都是全新，尤其他的求學與成長環境、文化與時代與我迥異，教養上難免挑戰。一路走來，以一個母親的直覺、傾聽與尊重，我不斷地學習與調整，持續耕植與孩子溝通無拘的機會，努力建立最親、最珍貴的母子關係。

除了孩子的成長挑戰之外，隨著遷移與長年的疫情，我們也在這個老鎮經歷了人生最大的變化之一，體會到當世界越是充滿不確定時，過好每個小日子的珍貴。

　　歲月或許如狼似虎，前方充滿未知，光是能跑在一個美麗開放的校園裡、能與心愛的人平平安安地走到人生此處，何其幸運。

　　星期三：秋訓開始。

　　夏訓結束兩個禮拜後，收到教練的通知，秋季的跑道訓練即將開始，我心裡猶豫著是否該跳過這一期。

　　隨著全馬訓練進入高峰、里數增加，若再添加這高強度的集訓，擔心身體負荷不了，甚至導致舊傷復發。

　　結果，訓練開始的前一天，我還是報名了。隨著日出漸晚，教練把這一期的訓練時間調晚了一點。日出6:17，當我在5:45到場時，運動場仍一片漆黑。

　　我走到教練面前，說明我的擔憂，她馬上認同：「慢慢來，這期跑慢一點沒關係。」

　　暖身兩圈時，好幾位上一期的跑友也出現了。「秋瑩下個月要去跑全馬，」瑪麗介紹我給新的跑友媽媽凱西時說，後者和旁邊聽到的人都出聲讚賀。我說我真的很怕啊，大家鼓勵我，「妳目前最長跑到幾英里？」「一開始不要跑太快……」「沒問題的！」眾聲打氣之下，我頓時覺得信心百倍。

　　今天的課表：

- **慢跑2圈（800公尺）暖身**
- **技巧與跑姿練習**
- **1600公尺×1**
- **400公尺×4**

- **1200公尺×1**
- **慢跑2圈（800公尺）冷卻**

　　練習的全程我盡量維持在5分半的均速以內，感覺都好。很快地，太陽掙破雲層，光芒照耀大地，光是為了這日出時的滿身汗透，就足以讓人欣喜再次回到跑道上。

　　星期天：長跑日。

　　為了讓賽者在正式比賽前有熟悉跑場的機會，我所報名的馬拉松主辦單位「大羅威爾區路跑團」（Greater Lowell Road Runners）本週日特別舉辦了一場「賽前路線預覽」（course review）的「模擬跑」，開放給最先報名的100名賽者，讓即將參加半馬賽的人沿著屆時的比賽路線試跑6英里（9.66公里），全馬賽者則可試跑16英里（25.75公里）。

　　因為是初全馬，加上是第一次跑這個賽場，我決定先去熟悉一下路線，以便比賽當天有個概念：補水站和流動廁所的所在？有幾個坡要爬？幾道橋要過？幾條公路要穿越？哪些路段太陽無遮？哪一段有樹蔭？

　　週日清晨，我仿照比賽當天的作息：6點起床，喝水，吃了一份香蕉加花生醬的全穀三明治，裝備就緒後，出門去。

　　抵達起跑點時，數十位跑者已聚集在鄰鎮的運動場前，這時我發現水袋出了問題，底部開始漏水，很快就濕了我的後背，不得已，我只好走回停車處，把所有的能量膠改塞進跑褲的口袋，把水袋留在車上，心想，靠著主辦單位沿途設立的補水站，我應該OK。

　　起跑點前，負責7分至12分／英里（4'20"至7'27"／公里）的幾位配速員已就位。一看到這些配速時間，我心裡不免一驚，顯然地，現場都是認真的跑者，需要5個半小時以上時間才能跑完的參賽者幾乎無人報名。

　　更驚訝地，面前幾乎有一半是中國來的跑者，從他們高聲談論彼此的速度時，可以知道他們屬於一個全是中國人的跑團，多數是中年以上的男女跑將，其中一位高姚的中年女人說她昨天才跑了10英里（約16.09公里），一個月跑數百英里。另一個說，她才不管今天的16英里（約25.75公里）安排，她打算跑個21英里（約32.19公里）；在一旁聽得目瞪口呆的我，頓時心裡叫苦：「天啊，不是說這是一場地方性、友善的全馬賽嗎？！」我忘了，很多跑者希望利用這場比賽以取得波馬的參賽資格。

　　很快地，主辦人員用擴音器一喊，中國跑者們立刻跟著8分至10分速／英里（4'58"至6'12"／公里）的配速員拔腿往前奔，其中一位50開外的瘦小女子神態自如地加入4'58"／公里的全男性跑者組裡，讓人好生讚佩，果然如他們稱讚彼此的：這是「很牛」的一群。

　　由於今天找不到擔任11分速（6'50"／公里）的領跑義工，我便跟隨著12分速（7'28"／公里）的一組，沿著穿越這個舊礦業大鎮的長河，向鎮外的公路跑去，越跑太陽越高，全程坡度雖不算陡，但並不像主辦單位所宣傳的平坦，過了12英里（約19.31公里）後再無補水站，我開始感覺到腿肌有點緊繃吃力。還好心理有準備，除非是其他城市比如芝加哥那樣的湖城或美西，凡是在新英格蘭舉辦的賽事，連綿坡度都是難免的。

　　過了第三條大橋，原本男女老少總共6人的我們這一組，

有一半中途放棄回家，只剩3人朝著起跑點附近的廷斯伯洛橋（Tyngsborough Bridge）跑去，這座橋跨越麻薩諸塞州的梅里馬克河，拱形跨長部分達547英尺，是麻州鋼筋拱橋中跨度最長的一座。當我們終於回到起點時，義工們已開始收拾水杯和路牌。不用說，那批中國的悍將早已不見蹤影。

比賽雖然是競爭，但跑步也是屬於個人的事，速度雖慢，但我們這一組同樣地前進、流汗、努力地完成了屬於我們的模擬賽。

三個多小時後，肌肉雖痠痛到令人嚴重懷疑，屆時能否跑完剩下的10英里（約16.09公里），但能有這個機會練習裝備、補給與熟悉沿途的景色，讓人對比賽日增加了不少真實感。

尤其，全程我跟身旁一位老跑者彼得暢聊他跑過包括四場波馬、五大洲的精彩跑史，獲益不少。

身材瘦而精幹的老彼得極健談，身上一大堆跑步創傷，不久前半月板也受傷，休息復健了大半年後又迫不急待地回到賽場。提到跑波馬的心得，他說：「大多跑者一開始因為是下坡就拚命地衝，很快就把臀肌拉傷了，結果到了『傷心坡』時就慘了；我則慢慢地跑，抵達『傷心坡』時，很開心。」為了一探馬拉松的起源，老先生一度跟著國際旅遊路跑隊跑去雅典，照著當年的路線跑了一趟，本來還打算去跟那著名的「傳訊人」（messenger）石像拍照，結果跑到終點才發現石像被偷了，「誰會去偷那樣的東西？！」他難以置信地，繼續：「不過老實說，除了競技場，那條路線其實是一條很無聊的公路。」我突然想起，村上春樹也曾類似地描寫過那條讓許多跑馬人神往的歷史之路。

📅 2021年9月13日（第16週）

「常跑，跑遠，但不要跑掉跑步的快樂。」
——茱莉・伊斯博丁（Julie Isphording，美前奧運馬拉松選手）

氣溫終於逐漸下降，華氏65至70度（約18至21℃）很舒適，終於不用一早即起，再度可以花一點時間和先生在陽台上喝咖啡、相處。一起生活了半輩子，兩人默契、韻律腳步已趨同調，很多時候不需言語，就是互相做伴。

開始訓練以來，先生即配合我的作息——我透早就不見蹤影，晚上則早早就寢，他也提早出門去騎車；當我跑完飢腸轆轆時，他就完成或中斷騎車路線，趕回來和我一起早午餐，非常了解一個剛長跑完的老婆需要馬上餵食。

剛開始增加里數時，有時看到我的痠痛與掙扎，擔心我受傷失望的先生會按耐不住地輕勸：「妳不一定要去跑全馬，半馬就很好了。」但都被我毅然拒絕；慢慢地，眼看我一週週地執行著課表，他便不再勸阻，改而盡一切地配合與支持我。

跑完的疲憊、對訓練的自我懷疑、對比賽的擔憂之外，先生還得聽我暢談種種有關馬拉松的知識。我很清楚，跑的人雖是我，但若沒有家人的支持，我的這段訓練期不可能進行得如此地順利。

星期三：跑道訓練。

5點整，手機上的鬧鐘響了。疲累的身體如一把舉不起來的重錘。跳過「停止」鍵，我按下「小睡」的按鍵，打算多睡幾分鐘。

這時，一旁的先生輕碰提醒我。「好累啊。」我說，睡意深濃且深戀著被窩，心裡頗為掙扎：去不去訓練？若要去，每多睡一分鐘，就會更匆忙一點——早餐也趕，開車也趕，甚至會錯過訓練前的暖身。念頭及此，我倏地翻身下床。手機顯示：5點8分。

是一個潮濕的9月清晨。週日跑了16英里（約25.75公里），週二跑了4英里（約6.44公里）之後，雙腿今早有點痠，但暖身和技巧練習之後，肌肉就慢慢鬆了。

今日課表：

- 400公尺／以1英里（約1600公尺）的均速跑／200公尺慢跑恢復
- 800公尺／以5K的均速跑／300公尺慢跑恢復
- 1200公尺／以10K的均速跑／400公尺慢跑恢復
- 1200公尺／以10K的均速跑／400公尺慢跑恢復
- 800公尺／以5K的均速跑／300公尺慢跑恢復
- 400公尺／以1600公尺的均速跑／200公尺慢跑恢復

訓練表由短而長，由長而短，像個弧形，中間最長，但前後最快，全程的挑戰度很均勻。

新加入的跑者凱洛琳是一名老將，風趣又直爽，完成了好幾次鐵人三項比賽卻自嘲「我不會游泳啦！」她11月要去跑紐約馬，一看就知道速度很好，但起跑前卻老指著我說，「我要跟著妳！」

盛夏之後，日出越來越晚，太陽終於出來時，訓練已近尾聲。一天雖剛開始，但今天最重要的任務之一已入袋。

早起、訓練都很痛苦，但跑完的感覺永遠很棒！

星期五，節奏跑8英里（約12.87公里）。

多麼有趣啊，以前訓練半馬時，8英里已經超過一半的距離，而現在一半都還不到。

經過17週無間斷的訓練後，可以感覺雙腿的肌肉與筋骨使用到了頂點，開始出現一些過負荷度的徵兆，我提醒自己必須很小心。

還好，這週已到訓練的巔峰，不僅是強度，里數也是。明天的長跑後，就可以開始減量（Tapering）了。

❖ ❖ ❖

星期天：長跑日。

陽光燦爛，天藍得像一幅剪貼的無瑕天幕。

計畫表該是14英里（約22.53公里），但因上週模擬跑16英里（約25.75公里）的配速比平日慢，因此今天我要求自己重複16英里，且跑快一點點，結果我以比上週快了近20分鐘的時間收工。

洗澡前，發現運動內衣下沿的胸前又破皮了，右手臂腋下也是，我再度提醒自己，必須把凡士林塗得更仔細一點。

休息之後，我如常地坐下來寫跑步筆記：

9月是最舒適的夏季，訓練進入巔峰期，下週再往前推一點，就可以收尾了。沒想到，真的快完成一個夏天、20週的訓練，按表操練，一週也沒有錯過，不論比賽當天的狀況與結果如何，毫無疑問地這段訓練讓人更堅毅了。

接著，我隨手記下幾個喜歡跑步的原因：

＊人生很複雜，跑步很單純。
＊鍛鍊體能之外，跑步幫我釐清心緒。
＊跑步讓我更專注於當下，給我自由。
＊喜歡漫長的辛苦之後，那份強壯與滿足感。

📅 2121年9月20日（第17週）

> 「譬如為山，未成一簣，止，吾止也。譬如平地，雖覆一簣，進，吾往也。」

——孔子

星期五，送海奕上學後回到家，開始下起雨，準備去跑步時，「妳今天要跑幾英里？」先生問我，這已經成為我們最尋常的對話之一。

「訓練表上是8英里（約12.87公里），我想只跑6英里（約9.66公里），一來，為星期天省點腿力，二來，我好累歐。」

「妳應該維持妳的訓練表（不要打折）。」他說。

外面雨不見停歇，跳上跑步機，最後還是跑了8英里，有時，我很慶幸自己的「耳根子軟」。

星期六，先生和我開車到新罕布夏州的山上，為海奕與隊友這學期的第一場跨校越野賽加油。

人到現場，才見識到這場活動有多麼龐大：藍天與豔陽下，數十所受邀的新英格蘭公私立高中越野隊，在山坡草地上架起各顏各色的休息帳篷，年輕跑者們或慢跑暖身或伸展拉筋，彷彿一場活力充沛的運動嘉年華。比賽分組：新生兩英里、低年級校隊（JV）5K和校隊（Varsity）5K。上千名跑者加上觀賽者把整片山嶺全擠滿了。

這個場地素有「新英格蘭最難的越野跑場」之稱：孩子們必須

從一片長陡的坡底起步，往上衝，一直跑到2英里（約3.22公里）處的一座高石塔再折回，沿途高坡不斷且盡是荊棘的山路。

　　站在狹窄的山路旁等待，約兩英里處，我在跑群中發現了海奕，他所處的是競爭最激烈的校隊組，這些新英格蘭跑得最快的高中男孩們誰也不讓誰地力拚。

　　匆匆與奮戰中的他招手後，我們又快跑回到起／終點，很快地，冠軍選手以15分的成績在觀眾的叫好中衝破終線，這個賽場出過好幾位美國的一萬公尺奧運選手。

　　這時，陸續衝向終點的賽者中，有一名穿綠跑服的男孩突然腿一軟，癱倒在地。一名工作人員趨前，確定他無恙後，要求跑道兩旁的大家不要去打擾他，因為攙扶或幫他都會導致男孩失去這場比賽的資格與紀錄。很快地，只見男孩撐起自己，雙膝跪地匍匐前

進，沿著沙石跑道往約50公尺前的終點爬去。四周觀眾的嘶喊加油聲中，男孩艱困地爬啊爬，雙膝磨破了皮，當他發現道旁有草地，便轉往該處繼續地爬。終點的充氣拱門前，原本忙碌地按著快門的攝影師，這時急忙起身、踢開屁股下的小板凳，站到一旁以免擋住男孩最後幾步的掙扎。目睹男孩從面前匍匐爬行而過時，我不覺淚流滿面，身旁一位媽媽則不停地對他說：「你可以的，你可以的，可憐的孩子。」

稍早，一名女孩顧不得比賽途中丟了一隻鞋，猛衝過終點，奪下兩英里女生新生組冠軍。雖然腳上僅剩的一隻白襪又灰又髒，完賽後的女孩笑容燦爛。

多年觀賽下來，不管是跑山嶺或原野，下雨或烈陽，跑越野的孩子不怕痛，不怕苦，勇於追求個人目標的精神，完全翻轉了我對草莓族的刻板印象。

星期天。賽前最後一次長跑。

清晨時天氣陰涼，出門前想說偷懶一下，防曬就免了，誰知上路不久，天氣開始轉晴，且太陽越來越高，皮膚越曬越疼，仿如一條冒汗的魚乾。

今天我把訓練表所要求的最後一次16英里推到18英里（約28.97公里），終於跑完，拖著腳在門口草地上休息時，狀態其實很像瓦昆·菲尼克斯飾演的那個力竭殆盡的小丑，只是內心沒有他的邪惡而已（完全沒力氣邪惡啊）。

洗滌與補給之後，我坐在書桌前，在訓練表上最後一個長跑上

打下勾勾時，啊，忍不住大大地嘆了一口氣：我真的完成了四個多月的訓練，除了訓練、吃、睡與工作之外，單純得不能更單純的四個月。

該練的課表我已盡力練過，不管10月17日的初全馬結果如何，現在我知道自己還可以跑得更久、更遠，光是這個新的發現就讓人覺得非常值得了。

🗓 2021年9月27日（第18週）

「我們都會有自我懷疑，你不用否認它，但也不用向它屈服，你擁抱它。」

——柯比・布萊恩（Kobe Bryant，前籃球名將）

本週開始進入「賽前減量期」（Tapering）。

為了比賽當天有最佳表現，賽前三週我開始依照下面的減量方式，循序減少里數與密度，希望比賽時身心達到「巔峰狀態」：

賽前三週

把巔峰時的總跑量減少20%至25%，長跑的里數也一樣。肌力訓練不變，但重量維持或減少。

賽前二週

總跑量再減20%，最長距比高峰期少40%至60%，繼續肌力訓練，並搭配比賽時的均速做為練習。開始增加碳水化合物的攝取，進行「醣原負荷」（carbo-loading）以增加肌肉中的原糖儲存量。

賽前一週

總跑量不超過最高峰週的50%，輕鬆跑確實保持輕鬆，繼續「醣原負荷」，多一天休息，這時最重要的目標是：不要受傷。

星期三：第三場視訊課。

凡報名「灣州馬」的參賽者，若付一點額外的費用，可以參加一套六堂有關全馬技巧和準備的課程。授課的教練凱蒂打從高中就是一名跑步健將，大學時被耶魯校隊網羅，曾3次參加美國奧運代表團選拔，是2024年的波馬女子總排名第二十二名，全美女子第五名，個人最佳全馬成績是2:32:48。

過去幾堂Zoom視訊課程中，凱蒂介紹了各種不同的跑法：可以邊跑邊聊天的輕鬆跑（easy run）、以較高強度的穩定步伐、維持較長距離與時間的節奏跑（tempo run）、以高強度和短距離快速重複的間歇跑（interval）和長跑（long run）等，並講解如何準備賽前的裝配、賽時如何配速與補給等。

今晚，凱蒂總結所有課程，並提供大家以下的賽前建議：

若有博覽會（expo）（通常在週日前的一兩天，週五和週六）可以逛逛，買點打折過的運動用品、提前領取號碼布、詢問主辦人員比賽當天早上的停車、交通管制、親友最佳加油和拍照地點等等。

比賽當天，提早到場，最好一個小時之前就到，不但停車容易一些、不用停太遠，送你去參賽的家人在離開現場時也不會因為交通管制而塞車。到場後，盡早去排隊上廁所，尤其逢大型比賽，流

動廁所前極可能大排長龍。

事先熟悉賽場：舉凡起點、終點、補給站、上坡、下坡、哪個點風比較大等。她也說，我們參加的這場，一過26英里（約41.84公里）會有好幾個轉彎，因此終點會很突然地出現，要有心理準備。

配速：前面20英里（約32.19公里）保持很平均的速度，甚至比計畫中的馬拉松配速慢個10秒，不要因為想把時間存下來而跑快，因為20英里之後比賽才算真正開始，這時，不論是跑快一點或維持都需要更多努力，不要去管跑錶上的數字，試著能否超越身旁的賽者，或以至少能順利地跑完為目標。

上坡，站直，不前傾。下坡，站直，不後仰。平路是追趕速度的良機。

補給：比賽中流失的不僅是水分，還有鹽分、氯化物和鉀等礦物質（這也是為什麼大多運動飲料裡會含有這些成分），如果不補充所失，你的身體細胞無法有效地運作，會導致流汗量減少、心跳、體溫提高、供氧的血液循環減慢等狀況，因此，身體必須在充份補水的狀態下才能發揮最佳功能。

口渴不是最準確的指標，尿液顏色和如廁頻率、跑前跑後的體重變化是比較準確的衡量。身體得花上約20分鐘才能充分地吸收水分，所以越早補充越好。同時也要注意，別過度補充水分，以免導致電解質失衡的低血鈉症（Hyponatremia），而出現肌肉刺麻感、胸口痛、拉肚子、疲倦、嘔心、頭痛、肌肉經攣、低血壓等危險症狀。

視個人所需，最好每隔15分鐘就補水，能量上，凱蒂建議，每30至40分鐘，搭配水補充100卡路里的能量膠、能量軟糖、小包裝的蘋果泥或10盎司的運動飲料（確定含有卡路里，而非無糖或

低糖）等。

　　最後這位年輕的女跑者建議大家在比賽前夕寫下一份詳細的計畫表，包括：幾點起床？幾點吃早餐？幾點出門？並決定你的補給策略：每隔幾英里或多少時間補水、運動飲料或能量膠？

　　還有，預先了解比賽當天的天氣，以決定如何穿著和準備額外的衣褲，起終點的天氣如何？需不需要多穿一件舊衣服，中途一旦太熱時可以脫掉丟棄。

　　課後，螢幕前的七、八名準賽者和凱蒂聊起每個人的跑馬經驗，當一切變得如此逼近時，我突然感到一份莫名的恐懼，不免自疑：當初究竟是昏頭到什麼程度，怎麼會做出這個跑馬的決定？！

　　下課後，我繼續閱讀《跑者的世界》特約作家、跑者阿莉・諾蘭（Ali Nolan）所寫的《精通馬拉松》（*Master The Marathon*）一書。當漫長艱困而充滿未知的全馬賽就在眼前時，恐懼害怕是賽者常見的心情，她分析其原因，並提供應對的訣竅：

● 對未知狀況的恐懼

　　隨著比賽愈近，當天各種無法掌握的未知和變數、各種「若是」（What if？）開始鑽進你的腦裡：「若是」屆時天氣大壞、腳受傷、上吐下瀉、缺水、中暑、迷路……，整場比賽變成災難一場，怎麼辦？這些「若是」的假設徒增賽前的焦慮，你必須對它們大聲喊停，因為它們都還沒發生，也可能不會發生，不要為未知擔憂，掌握你所能掌握的。

● 對未跑過的里程的恐懼

　　如果你賽前跑過的最長距離是18英里（約28.97公里），之後

的經驗完全空白，那麼即使你讀了很多別人的初馬和馬拉松經驗，輪到你時，你難免還是會害怕，因為你不知道後面那些從沒跑過的數英里將會讓你多痛苦？多疲倦？會不會暈倒？若得用走的，得走多久？

「可能跑不完、可能跑很慢、可能得花很多時間（表示我是一個很差的跑者）」這些恐懼都很正常，畢竟你花了很多時間為了這一天而準備，希望屆時的表現是完美的。

這時，諾蘭鼓勵你必須告訴自己：既然曾經跑完18英里，那你一定可以跑完26.2英里（42.2公里）：「你必須相信自己會跑完，或許，終點計時器上呈現的時間不是你最愛的，但你一定會跑完。即使真的跑不完，或沒以預期的時間完賽，沒關係，你必須告訴自己，那份站在起跑線上的勇氣，為了這場比賽而付出的時間、心力與準備，已經是一項成就了。況且，一次比賽不順利，還有下一次，從每一場中你都會學到些什麼。」

星期天：長跑日

不知不覺地又跑進墓園裡。數公頃的幅員，一條條的綠蔭道旁靜躺著百千座墓塚，右邊坡上，碧藍天空下主教堂倒影湖面，處處開著碩大的粉白繡球花，我一圈又一圈地跑著，鬼神肅穆，心情平靜。

離開墓園之前，我注意到出入口處的一個牌子上寫著：今天是一年一度繡球花開放剪摘的日子。回到家，盥洗後，先生送腿很痠的我回到墓園，讓我慢慢地挑剪了七、八枝。碩大飽滿的花束以白色居多，少數粉紅與淡綠。放眼而去，民眾們攜家帶眷，剪下整把

整把的鮮花，放入水桶準備帶回家，「去年我女兒結婚，我剪了一卡車，把那場庭園婚禮裝飾得粉彩繽紛，」身邊一位太太說，並指著不遠處坡上一塊墓地，「我跟我先生買了那一塊地。」

看著眼前這一片片繁花環繞下的安息地，處身於這座與世隔絕的墓園裡，「我們是不是也來看看以後能不能住在這裡。」上車後我跟先生說。「住（生活）可能不行，躺在這兒的土裡有可能。」他說，左手駕車，右手握起我的手。

載著一車花束離開墓園，夏陽燦爛，仿如從一個異度空間回到人間，如夢如幻影。

📅 2021年10月4日（第19週）

「有一天我將無法再跑了，但，不是今天。」

——出處不詳

減量訓練第二週。

減低跑量與速度之外，我從今天（通常在賽前7-10天前）開始戒咖啡，好讓它在比賽當天發揮最大的效果。長期習慣喝咖啡的人，需要一點時間才能完全把咖啡因從體內排除，讓大腦重新對咖啡產生敏感的反應，如此一來，賽前飲用咖啡或跑時補充含咖啡因的能量膠時，咖啡才能發揮最大的振奮效果。

沒想到戒咖啡這麼辛苦。

第二天一早，太陽穴及頭部正中央都痛了起來，這是因為咖啡因的刺激性導致神經血管的收縮，停喝咖啡後，血管恢復成原本的狀態，導致流向大腦的血液增加所引發的不適。有些人還可能出現

記憶模糊、疲倦、憂鬱等症狀，通常兩天至一個禮拜後就會消失。

　　雖然事先已讀到這個因果，出現這突來的反應時還是不免有點驚訝。

　　星期天。一邊吃早餐，一邊收看「芝加哥馬拉松比賽」，為我喜歡的女選手們加油。

　　果然如眾所預期，美國長勝選手塔季亞娜·麥法登（Tatyana McFadden）以1小時48分力壓群雌，拿下個人第九場芝加哥輪椅女子全馬冠軍。

　　路跑項目上，我最關注的是38歲的資深跑者莎拉·霍爾。原本希望破個人2小時20分的她（此時她居全美女子全馬排名第二，第一是迪娜·卡斯特〔Deena Kastor〕於2006年在倫敦寫下的2小時19分），最後以2小時27分拿到第三名。另一年輕的美國女跑將艾瑪·蓋茲（Emma Gates）則以2小時24分刷新個人紀錄，獲得第二名，未來可期。冠軍是肯亞跑者露絲·切普恩傑蒂（Ruth Chepngetich），她一起步就以破女子世界紀錄的均速，跟男菁英跑者們齊步飛奔，大家都擔心她將後繼乏力，畢竟馬拉松是殘酷的長距離比賽；然而這位肯亞跑將一路領先到底，以2小時22分橫掃8月在奧運因傷退出的陰影，完成漂亮的美國處女賽。

　　我關注的另一美國選手是已宣布退休的沙蘭·弗拉納根（Shalane Flanagan）。這位前紐約馬女子冠軍不久前宣布，將在43天內跑完世界6大馬，並訂下每一場都以3小時之內完賽的目標。前兩週，弗拉納根順利地跑完柏林和倫敦馬，今天以2小時46分拿下女子第二十五名。隨即，這位女超人跳上飛機，飛到波士頓

準備參加明早的波馬賽。全球跑界都拭目以待，等著看這位資深跑界女神能否完成這史無前例的壯舉。

看完比賽、飽受啟發的我，出門去跑比賽前最後一次的7英里（約11.27公里）。

微雨，14°C。新英格蘭的四季就是這樣——不久前還陽光明烈，倏忽之間，已是穿長袖的天氣。

回程時，我注意到園丁把社區的花全換上秋菊——黃橘紫團開，門口的繡球也在變色中，公路兩旁的樹林，越往北走越多彩，一年中最美的季節正層層變化中。

📅 2021年10月11日（第20週）

「在完成之前，一切總看似不可能。」
——尼爾森・曼德拉（Nelson Mandela，南非前總統、革命家）

賽前一個禮拜，我開始積極地進行「醣原負荷法」（carb loading），希望在賽前於把體內的醣原累積到最高點，賽時能延長能量消耗的時間。

飽含碳水化合物的食物舉凡燕麥、麵包、馬鈴薯、鬆餅、優格等我都來者不拒。另外，我開始補充水分（每天8杯8盎司的水），並且不避免鹽分，以幫助我喝下更多的水。同時，我注意多補充維他命C（奇異果、柳橙、草莓等）以增強抵抗力。

沒想到所有預期的「減量訓練症候群」都被我碰到了（還是因

為事先讀了太多相關的警告而特別敏感？！）

這期間因為跑少了，那些可怕的「若是（what if）」不斷悄悄地爬上心頭：

若是跑不完怎麼辦？由於是初全馬，缺乏之前的經驗作為依據，而經過一個酷夏的照表操練後，現在跑量一減少，不免又對到時能否正常地表現產生嚴重的懷疑。

再者，眼看著體重增加，到時跑起來是否會更累？隨著碳水化合物的攝取增加，減量訓練期間體重增加個1、2公斤是常事，這些重量難免教新手擔心。雖然後來證明，這些增重不但一跑完就減掉了，也因為這些儲存，身體不但有足夠的能量提供跑馬所需，賽後整體的恢復也會更快。

其他的擔憂還包括，減量期時疑神疑鬼地老覺得身體受傷、生病或不對勁。因為深怕出差錯，這時對身體的狀況特別敏感，有些跑者甚至會出現憂鬱的症狀。

參閱了其他全馬跑者的經驗後，我知道這些反應都是正常的，也不斷地提醒自己，不要擔心，相信你的訓練，相信它真的有效，現在，就放心地讓身體暫時休息，以迎接賽前可能的最佳狀態。

星期一，我整個上午觀看著往年於4月舉辦，但因疫情今年改到10月的波士頓馬拉松。

轉播螢幕上的街景很熟悉，我彷彿可以看到多年前的那個冷峭4月天，獨自踏入這個城市的身影。初始，我落腳於城市南區（South End）的女青年會，每天穿過波馬終點線所在的「博伊爾斯頓街」（Boylston St.），到查理斯河旁、燈塔街（Beacon

St.）上的語言學校去上課。下課後，一旁的大眾公園是我每日閒逛、看人、看松鼠、天鵝船與垂柳的地方。那時的我英文很破，心裡難免寂寞，但有一份從繁華台北抽離的輕鬆與自在。暑假時，捨不得離開的我臨時起意，申請了大眾公園旁的「愛默生學院」研究所，並搬到波士頓大學附近的奧爾斯頓區（Allston）。開學的第一個月，我認識了後來的另一半，很快地搬離城市，展開全新的郊區生活，但年輕的兩人依然會不時地進城去看表演、上餐廳或閒逛。轉眼，波士頓已從當年的異鄉，成為我的第二故鄉。

收起追憶的思緒，我把注意力放回電視實況轉播中的波馬。

男女輪椅和視盲兩人組之後，男子菁英起跑了，只見，這一天正滿28歲的美國年輕跑將CJ・艾伯森（CJ Albertson）一路領先往前衝。通常開賽後，波馬的菁英們會以相對保守的速度前進，一來，這段又陡又長的下坡很容易拉垮臀肌。二來，這是個爬坡不斷的賽場，尤其20英里（約32.19公里）處的「傷心坡」是出了名的挑戰，任何有經驗的賽者都知道必須保留體力；然而，艾伯森似乎不這麼想，他一路快奔，把後面10幾位世界菁英遠遠地丟在後頭，這時的鏡頭畫面裡全是他，搶盡了鋒頭，後來艾伯森果然被其他賽者追上，但仍以第十名的傲人成績跨過終點。「我自覺可能是世界上最會跑下坡的人，所以我得利用這個優勢，跑出屬於我的比賽。」聽起來他採取的是個人獨特的策略，並非不自量力。最後男子冠軍由肯亞選手本森・基普魯托Benson Kipruto以2:09:51奪得。

摘下女子桂冠的是另一位肯亞選手埃德娜・基普拉加特（Edna Kiplagat），41歲的她被問到高額獎金要怎麼用時，「我們不是為了錢來跑的，我們為的是對跑步的熱情……」當場教提問的記者尷尬地結舌。

比賽持續進行著，媒體熱烈的實況轉播結束之後，現場的鏡頭依然開著，從早上9點多至下午4點，我不時會去瞄一下手機裡的賽事影像。五、六小時之後，終點前，越來越多的人或走或小跑、或癱倒或高舉雙手跨過地面那條標著黃色長條的終點線。無疑地，那條長線上面、獨角獸圖案旁大寫的FINISH（終點）一字，對每個賽者都是意義非凡。六個半小時後，用走和小跑的人更多了。一個女人一接近終點就癱跪在那道黃線上，主辦人員迅速地推來輪椅，扶她入座。一位駝著背的老人由一個較年輕的牽著手走過終點線。6小時58分時，一個中年男人拐著腳，踏過那條神聖之線時，仍不忘張開雙臂迎接屬於他的勝利。從高俯的鏡頭角度，可以看到遠方直長的博伊爾斯頓街盡頭，大多是用走的賽者，但當到了約一百公尺前，他們再度拾起顯然沉重而疲憊的腳步，蹣跚地「跑」越終點。

眼看螢幕前各個不同年紀、性別、國籍、身材的跑者，以各種不同的姿勢與神態跨過終點，這些人或許是名不經傳的業餘跑者，但他們花了6個多小時，以雙腳跑／走完一段被跑界視為最艱辛的全馬賽程，不管計時器上這一刻的數字為何，我完全可以想像，「完賽」帶給他們的那份榮耀與滿足。

此時，心裡不禁浮現：再過六天後，那會是我嗎？

星期二，跑完4英里（約6.44公里）之後，我開始積極地休息。

現在的我有一個困擾：這幾天隱隱覺得好像感冒了。先前海奕已感冒了一個多禮拜，但他照常去上課，上週六，鼻塞的他依然勉力地以18分跑出5K越野賽的成績。

　　星期三，先生和我都出現喉嚨痛、發燒、頭痛和鼻塞等症狀，「歐，不妙！」心裡暗喊一聲，還好檢驗後，並非染上新冠病毒。

　　剩下的兩天，家事與給學生上鋼琴課之外，我一有時間就休息，昏睡之間，只依稀感覺到先生躡手躡腳地進房，輕輕地拉下窗簾，帶上房門……

　　星期四，感冒症狀好了一些，但我卻開始咳嗽不止。

　　夜晚，我早早地準備就寢，心知比賽前夕將會因為興奮緊張而翻轉難眠，因此最好提前兩天開始，每晚盡量保持有7、8小時的睡眠。

　　3點多，因為枕邊人騷動醒來，我也醒了，平常或許會繼續入眠，但一想到配速、賽程等，東想西想就睡不著了。看了兩頁書，再度睡著時已近清晨5點。

　　感冒殘餘的咳嗽，睡眠不足，加上想到其他無法預期的未知，焦慮感不時浮現，我持續地安撫自己，這些都是小問題，況且，距離比賽還有一天呢。

❖　❖　❖

賽前一天。

下午，依照主辦單位的指示，我開車到羅威爾鎮，到距起／終點兩條街外、棒球場旁的一家運動商品店領取跑衣和號碼布。

步出車外時，街上傳來的鼓譟聲吸引了我的注意力，只見不遠處，一群年紀不一的男女跑者先後從橋的彼端飛奔而來，幾位交警站在路口維持秩序，人行道上不少民眾鼓掌叫喊著為賽者加油。沒料到會撞見一場小型5K路跑賽的我，不知怎地，頓時心跳加快，莫名地腎上腺素飆升，緊張了起來。

因為疫情，今年的「灣州」馬拉松賽事規模縮小了一半以上，作為「博覽會場」的這家店並不大，參賽者完全不用排隊，入門後直接走到一旁的長桌前繳交預先填好的疫苗証明，即可領號碼布。

現場的工作人員與進出的跑者人人戴著口罩，幾座陳列著跑步用品的架子分散在店裡。我在店門口的長桌前領了上衣，一旁有人把號碼布靠在胸前，在賽事布幕前留影。一位女義工發現這是我的初馬，笑著問：「興奮嗎？」「興奮又害怕。」我說。

我對於這些義工們充滿感謝。籌辦一場賽事本不容易，尤其這場比賽是由本地跑友俱樂部所主辦，除了少數的私人機構贊助與警方協助交通管制之外，完全是「一群跑者為其他跑者而辦」（for runners by runners）。過去幾個月以來，該俱樂部不斷地透過社媒與各種途徑號召義工，甚至動員會員個人的親友參與從賽前的準備、比賽日賽者的寄物服務、起跑線與沿途路線指引、途中十幾個補給站的協助、定點幫賽者加油，到終點的贈獎、飲食補給與賽後街道的清理與恢復等等工作，無疑地，這是一項群策群力的大工程。

回到家，先生去長騎，我決定出門進行慢跑2英里（約3.22公

里）的「賽前小跑」（shakeout run），以減緩緊張的心情。

是個約24℃的陰雲天，太陽時隱時現，樹枝漸枯，落葉覆滿大地，秋天的魔法，一天天在眼前施展。

一如平常，出門後我朝坡下跑去，不知是因為速度很慢，或是因為減量了兩個禮拜，腳步非常輕盈，感覺到一份奇妙的強壯，頓時增加了不少對明日賽事的信心。

「今天跑幾英里？」收步時，我突然聽到身後傳來一個聲音，轉頭一看，原來是大麥克。

球場的園丁領班大麥克是我跑步時最常碰見的人，不管是在幾號果嶺旁的路上相遇，一看我跑過，中南美裔、黝黑碩壯的他就會從小卡車上遠遠地對我喊：「幾英里？」

「5英里（約8.05公里）。」有時，我按停耳機，朗聲地答。

「13英里？！（約20.92公里）」他舉起大拇指。

「10英里（約16.09公里）」有時我答。

「16英里？！（約25.75公里）」他回。

幾次試圖釐清無效後，我開始懷疑，總是戴著墨鏡和耳罩型大耳機的他，或許因小卡車的馬達聲而聽不見我的回答；或許，他聽到了，但故意加上許多里數讓人開心。不論如何都沒有關係，都是令人感激的。

今天我跟他說，星期天要去比賽。

「妳不用跑啦，妳很健美了，」他開著玩笑。

「我還要繼續加油。」我笑著說。

「好，那你要加油歐！」他舉起大拇

指，然後下車，要我站在落葉中，好心地幫我拍了幾張照片。

回到家後，我繼續喝水、填充碳水化合物食物和查看尿液的顏色。欣喜地，跑完流過汗，燒也退了。

接著，我把所有需要的用品和裝備全排列在地毯上，仔細地審查一遍：帽子、跑衣、跑褲、跑襪、手錶、耳機、手機、能量膠⋯⋯確定耳機與跑錶功能正常，該充電的都充足了電。同時，腦中再順過一次配速與補給方式。然後，我再次查看氣候，明天天氣看起來不錯（10至18°C），原本打算穿長袖上衣、短跑褲的我，決定改穿無袖跑衣。

我也把賽場再次仔細地閱讀過一遍：跑完第一個半馬後，回到起點，重複一次，途中將穿過兩個鎮、三座橋，因為有好幾個補水站，我不必帶水，只需把六包能量膠全塞進短褲側袋裡。

一切就緒。

雖知每場比賽都充滿不可掌握的變數，整個夏天，我還是不時做著實況演練與最壞的心理準備，當朋友問我：「比賽開始後，在什麼狀況下會考慮放棄？」思索之後，我假設出各種賽程中可能出

現的「災難」，心中擬定了以下的「應變原則與措施」：

- 若在前面一半的跑程（13英里／21公里）內就受傷，且不適的程度導致接下來的13英里將明顯會是數小時的折磨，或嚴重到對健康產生威脅，那時，我就棄賽。
- 若13英里／21公里之後，健康無慮，只是出現正常長跑下不適的徵兆，比如疲累或抽筋，就繼續跑下去。
- 20英里／32公里之後，若健康無慮，即使用走的也要走完。
- 26英里／42公里之後，若健康無慮，即使用爬的也要爬到終點。

　　我打算遵照超馬跑者與作家丹・卡納澤斯（Dean Karnazes）所說的：「如果你能跑就跑，如果必須走就用走的，如果必要，爬也可以；只要不放棄。」

　　這個策略讓我有了更多的心理準備，知道到時該如何臨機應變。

　　萬事俱備了，我給自己一個最後的鼓勵：來吧，人生初全馬！

📖 賽前的清單

- 溫習賽道與路線、補給站與救護站的地點。
- 再確定一次用品清單：別上號碼的跑衣、跑褲、跑鞋、跑帽、跑襪（多帶一雙）、防曬品、太陽眼鏡、充足電的手機、耳機和跑錶、能量膠、鹽片、裝滿水壺或水袋、面紙和衛生紙等。
- 賽後的水和食物，拖鞋和更換衣物與用品。
- 確定誰會送你去現場，接你回家，幫你加油，跑完在哪裡會合。

- 把腳抬高，看書，看電視，放輕鬆。
- 好好睡覺（賽前一晚如果真的睡不著不用勉強，主要是讓身體休息，跑完再大睡特睡。）

~~~~~~~~~~~~~~~~~~~~

　　這天晚上，我早早就寢，但果然輾轉難眠，這是熟悉的賽前狀態，通常越擔心睡不著就更睡不著。有了心理準備，我靜躺著等待睡意。

　　10:30，依然無睡意，我換到臥室窗前的長沙發躺下。

　　11:45，換回床上。

　　12點多，再度換到沙發上。

　　1點多，再回到床上。不知何時就睡著了。

04
CHAPTER

42公里的痛楚與驕傲
——人生初全馬

醒來時，一看時間：5點5分。我繼續躺著，心想：「就是今天了。」

5點半鬧鐘響，我起床，開始軍事化地進行下列的準備：

盡快地喝水和吃一份貝果早餐，讓食物得以充分消化。

上廁所，再查一次尿液顏色，確定體內有足夠的水分。

換衣服，塗上凡士林，戴上跑錶和跑帽，把6包能量劑和鹽粒、面紙塞進跑褲口袋裡。

走出大門時，覺得自己有點像一個準備長征的戰士，隨著賽程我將彈盡糧絕、精疲力竭，但至少，裝備肯定會越來越輕鬆。

6點半，天微亮，先生送我到了現場。兩條街外遠遠地，可以看到賽者停車後，朝著起點走去。「前面進不去了。」交通管制的柵欄前，他讓我下車，打算回家從追蹤程式上關注，等我快跑完時再到終點來等我。

我跟隨其他賽者穿過馬路，經過排列在起點充氣拱門前的一列警車與交警，朝一旁的流動廁所走去。12℃的冷天，大多的跑者或是著長袖上衣，或者緊身長跑褲，我突然很不確定自己穿著無袖上衣和短褲，跑起來會不會太冷。

「請問寄物處在哪？」我問一位義工，她指著起點所在的大

街，「那後面的高中旁。」我朝起跑點走，沿途可以看到由快到慢一系列的的均速指標。

經過一座室內停車場後，我看到了高中校舍，但卻找不到寄物處，折返後，終於看到人行道旁有一台卡車，賽者紛紛把背包或衣物交給車旁的年輕義工。

排隊上完流動廁所後，我開始在人行道上做動態暖身，這時，離起跑只剩15分鐘，賽者漸漸朝起跑線聚集。溫度有點上升了，我把薄外套和長褲脫下，連同手機一起寄物後，走進參賽人群。

起跑線後隔成兩條長路線：全馬跑者排在左邊，半馬則排在右邊，起跑後大家的賽道相同，直到3英里處才分開。這是一場算小型的賽事，我很快就依自己的速度找到所屬的起跑區。

放眼望去，我突然看到模擬賽時同組的一個年輕女孩，走向前，我說：「記得我嗎？數週前我們一起跑過。」她認出了我，興奮地說嗨。「今天感覺如何？」我問。「我的目標是跑完，跑完就開心。」她說。我說我也是。我們互祝好運和「玩得開心」（Have fun!）。

比賽的序幕在一位本地高中的黑人女學生高唱美國國歌後揭開，我把帽子脫下來放在胸前，全場鴉雀無聲，暴風雨前的這一刻寧靜總是讓人感動——不管國籍膚色年紀體能如何，這一刻，我們一起站在起跑線上，為著公益或非常私人的目的而跑，跑的是各自的比賽，各自的人生，但一路上有伴同行。

把整場比賽在腦中大致再順過一遍，這時喇叭聲響起，我按下腕錶計時，踩過起點線：26.2英里（42.2公里），正式起步！

1至3英里（最前面約5公里）：朝向西北，我們沿著流經羅威爾市北邊的梅里馬克河（Merrimack）南岸而跑。羅威爾以工業革

命發源地著稱，19世紀時曾以紡織品生產重鎮風光一時，是麻州的第四大城，華人熟悉的「王安電腦」總部一度設立於此。

　　1英里（約1.61公里）前是一個爬坡，這時剛起跑不久，腳力不是問題。看了一眼跑錶，我提醒自己放慢腳步，維持在11分／英里（6'50"／公里）的均速，我知道剛開始腿力較好，總會想跑快，但一定得控制自己：「寧願太慢也不要太快。（Better to be too slow then too fast!）」

　　下坡後我們進入忙碌的市區，交警指揮下，四方來車全暫停讓跑者先行。十字路口旁，一個身材苗條的中年女子高舉著一個牌子：「one mile at time」（一次一英里），正是我所需要的提醒，我舉起右手大拇指給她一個讚，微笑地跑過。

　　心情輕鬆，腳步輕盈，除了路旁的方向指標之外，我追尋著地面上每個白色正方形中央寫著的藍色里數。2英里（約3.22公里）附近是一段順暢的平路，陰雲漸散，天空逐漸晴朗，我一邊跑，一邊隨著耳機哼起周杰倫的〈夜曲〉。

　　主辦單位每隔約兩英里即設有補水或運動飲料的補給站，1.7英里（約2.7公里）處是第一站，因為沒有隨身帶水，我必須善用每個補水站，剛開始只喝水，半馬之後，開始水和運動飲料輪流，平均約每30分鐘則補充一包能量劑。

　　3英里（約4.83公里）處也是待會兒重複第二圈時的起點，再經過時這裡就是第13英里（約20.92公里）了。「你看，我們跨過13英里了！」旁邊有個年輕男子玩笑地大喊，「希望到時我們的感覺跟現在一樣棒。」他的朋友說。大家都笑了。不同於短距離的比賽，我發現跑全馬的人，因為前面路還長，剛開始大家並不急，尤其是我們這樣的業餘跑者，心情顯得輕鬆多了，都還有餘力聊天

談笑。當然，隨著里數增加，氣氛很快會改變，大家的腳步與呼吸都越來越沉重，話也變少了。

前方一出現3.3英里（約5.3公里）的補給站，我便拿出第一包能量膠，咬牙撕開它，在跑過補水站時接過水，搭配著吃下。這一包是無咖啡因的香草口味，我把含咖啡因的放在後頭。

很多小孩也在場幫忙，幾個男孩拿著長掃帚清著滿地的空杯，「謝謝！」我大聲地說，男孩靦腆地答：「不客氣。」

4英里（約6.44公里）處，我趕上一個一直在前面不遠處的藍衣女孩，注意到她的衣背上是一個年輕軍人的照片，照片下寫著他的名字和生沒。

「對不起，請問妳是為了這位軍人而跑嗎？」我問女孩。

我們開始簡短地交談，原來那軍人是她的表弟，「從年紀算來，他去世時20歲？」我問。「19歲。」女孩說她表弟在阿富汗為國捐軀時只有19歲，我的心頭一緊，對女孩說聲抱歉致意。之後，這女孩和我維持咫尺之距，眼看她和背後的表弟奮力前進，那身影不斷地提醒著我：「並非每個人都能、都有機會自由地奔跑，有些人甚至連活著的機會都沒有，我們是多麼多麼地幸運啊。」

7.7英里（約12.3公里）處，我嚥下第二包能量膠，希望每包100卡的

熱量持續協助推動我。很快地，來到8英里（約12.87公里）的第一座長橋「廷斯伯洛橋」，通過後我們沿著河的北邊，跑在一片針葉林散落滿地的漫長公路上。這時，人車稀少，前後方跑者相距甚遠，難免讓人感到一份長路獨行的孤寂感。

只有行車的安靜公路一路延伸，轉折後我們終於進入較忙碌的商業區，跨過12英里（約19.31公里）附近的第二座橋「洛克橋」（Rourke Bridge），回到河南岸之前3英里處的馬路，開始重複第二圈。一旁聚集的民眾中，我看到之前那位女士，「good job!」她對每個經過的跑者喊道，我對她說聲謝謝，朝第13英里（約20.92公里）跑去。這時，我看了一下時間，一如計畫，半馬：2小時24分。我深呼一口氣，最艱難的下半段來了，從這個點開始，全馬才算正式展開。

從這裡到第22英里（約35.41公里），我們重複著先前的路線。到了16英里（約25.75公里）處的爬坡，我注意到自己的開始掉速了。

18英里（約28.97公里），二度經過「廷斯伯洛橋」時，我再度遇到為表弟而跑的女孩，我們互相鼓勵：「加油，我們可以的！」

20英里（約32.19公里）之後是我的全新領域，此時，我已跑了4個小時，日曬風吹下，雙腳不停地重擊地面千萬次後，腳底隱隱地痛了起來，精神上也受著折磨，但一想到若改用走的，得整整地走上兩個小時，也想過是否放棄，但都訓練這麼久，且已經跑完四分之三了，不能，也不甘心放棄啊。

21英里（約33.8公里）時，我隱隱覺得左小腿肌開始緊鎖，多年的比賽經驗告訴我，這是抽筋的前兆。我拿出隨身攜帶的鹽

錠，吞下，同時，不斷地做心理喊話：「這是妳跑過最長的距離，妳已經跑完大多數的里程了，妳很棒，剩下的距離只會逐漸縮短，越來越接近終點，6.2英里（約10K）對妳來說不算什麼對嗎，況且，腳的痠痛是暫時的，想想其他不痛的部位，妳看，手很輕鬆啊。」試圖轉移注意力。

腳真的很痛，步伐很重，我不再去想時間，只不斷地告訴自己：「慢慢跑一定跑得完」。

這時，為了減輕精神上的負擔，我把每一英里分成兩半：每跑完0.4英里（約640公尺），就慢跑0.1英里（約160公尺），然後再鼓勵自己跑0.4英里，再慢下來跑0.1英里，如此地交替，告訴自己：重複個12次之後，就會抵達終點了。

約22.5英里（約36公里），我們不像之前過橋，而是繼續往前跑最後一段新的路程。23英里（約37公里）處，我們跑過麻州大學羅維爾分校划船隊的船屋和一座面河的露天舞台，此時，我只覺雙腳比鉛重，舉步維艱，腦袋則一片混沌，再也想不出來什麼積極或建設性的話了，心中死抱著一個念頭：「一步一步地往前，不要停。」我真害怕一停下來就會癱在路旁，再也跑不下去了。

24英里（約38.62公里）的十字路口，四方車潮下，幾位義工與交警忙碌地指引賽者沿著河邊柵欄旁的狹窄人行道，朝最後的一座橋跑去。經過一位年長女義工身邊時，她輕聲地說：「甜心，（所有的痛楚）很快就會結束了。（It will be over soon, sweetie.）」，顯然深知來到這個點，賽者如何深受著折磨。那貼心的話語如一位長輩的溫暖安慰，讓人很想哭，但我實在太疲累了，只覺每一寸肌肉都在嘶喊，同時我也陷入「跑步遺忘症」──想不起當初為何要挑全馬這麼遠的距離跑？想不起我已經在路上多

久了？此時，20週前那份自我挑戰的雄心壯志早已煙消雲散。

25英里（約40.23公里），眼前出現一座新的長橋，這時，一個高壯的白人女孩超過我，高舉起雙手，大喊：「耶，好開心看到這座橋（So happy to see this bridge!）」原來這是我們必須跑過的最後一座「艾肯街橋」（Aiken St Bridge），過橋後就會回到終點附近的市區。從未跑過這段路的我也受到刺激，全心相信她所說的：「真的，真的快到了。」

街景再度熟悉了起來，經過一排歷史悠久的磨坊紅磚建築（現已改建成有美麗河景的公寓大樓），我知道終於真正地來到了起跑點附近，爬過兩個小坡，右轉，左轉，看到了！我終於看到那個今天分秒追尋的數字：26英里（約41.84公里）！這時，路旁另一位女義工對我大聲地說：「0.2英里（約300公尺），就是這樣！（That's it!）」

突然，完全出乎我的意料之外，終點前約200公尺處，海奕乍現眼前，「媽媽，妳可以的！（Mom, you can do this!）」他迎向我，陪在我身邊一起跑了起來。一見到兒子，我終於忍不住淚決，「謝謝你，寶貝！」我提起腳步，哽咽著，和兒子並肩朝終點跑去。

不遠處，我看到了終點的計時表，海奕說：「媽媽，妳可以破5小時15分的，加油！」我用力地擺動雙臂，奮力往前跑，想起曾經在一篇文章讀到，大腦非常神奇，不管身體如何痛苦不堪、耗竭至極，但只要一見到親友的臉龐，或聽到終點前群眾的熱烈加油聲，總能拚命擠出最後衝刺的一絲勇氣。

是的，我還能拚，還能擠，我還有力氣。終點旁，我看到手拿著相機正朝著我猛按快門的先生。擦掉眼淚，高舉著雙手，我死命

地對他微笑，接著，跨過終線。

　　一切都停了。時間暫停，腳步暫停，所有的掙扎都結束了。

　　一位大嬸義工立刻上前來，幫我披上保暖毯，看到我淚流不止，「妳還好嗎？」她關心地問。我點點頭，嗆著淚：「我很好，這是我的初全馬，」「歐，那妳應該要非常以自己為傲。」她說。

　　一轉身，我投向兩個最心愛的男人的懷抱，潰決了：「好難啊，好難。」「妳做到了，寶貝，妳做得很好，妳的時間很好。」先生在我耳邊說。「是的，媽媽，妳做得很好很好。」海奕也抱著我說。

　　此時，旁邊一位絡腮鬍的義工上前來，為我套上了獎牌。

　　痛、喜、淚，百感交集，跑一場全馬無疑是我這輩子體能所受到的最大考驗。5小時13分16秒，人生初全馬，一步又一步地，我真的完成了。成績或許普通，但我很自豪，盡心耗力之外，我全程

跑完，秉持了多年來從村上春樹那裡學到的原則：每一場比賽，「我是來跑，不是來走的。（I am here to run, not walk.）」

🗒 跨過終點線後的自我照護

衝破終點後，你可能精疲力竭難以動彈，可能因受傷而癱倒需要人扶持，也可能發現自己尚有幾絲餘力，不論狀況如何，你必須馬上照顧自己。

第一，保暖。完賽後，肌肉一停止快速活動，體溫會急速下降，如果主辦單位有提供銀色毯子，馬上披上，這個毯

子很神奇，能幫你保暖和調節體溫。

第二，不要馬上坐下來，繼續走動，讓血液保持循環。

第三，一領回寄放的衣物，盡快把身上的濕衣物換掉，以免感冒。

第四，繼續補充熱量、電解質與水分。如果吃得下，盡快吃一條香蕉或含鹽分的點心，把身體消耗的電解質和鎂補起來以預防抽筋。如果出現頭暈、嘔吐、抽筋或任何不適症狀，馬上去救護帳篷，請醫護人員照顧，協助你恢復。

第五，確定身旁有親友在，你的身體剛經歷過極為艱困的挑戰，可能出現跑後暈眩、嘔吐等症狀，極累之下甚至發生意外，最好不要落單。

第六，洗澡時用冷水，先不要洗熱水澡，以免高溫刺激筋肉發炎，延緩修護的速度。之後，盡量把腿抬高，讓可憐的雙腿休息一下。

第七，去大吃一頓，這是你贏得的。

　　想想，世界上每年只有百分之0.01的人跑完全程馬拉松，完成一場全馬賽確實是值得自豪的。所以，深深記得這一刻，以自己為傲。所以，哭吧，笑吧，盡情地擁抱一起征戰數小時後的跑友和迎接你的親友，打電話給想報喜、分享的任何人，享受這一刻，感受這一刻，你的努力得到結果，你的夢想成真了。

　　最後，好好地睡一覺，放鬆，因為你的全馬之旅已經圓滿地結束了。

🗂 隔多久才適合去跑下一場全馬？

　　不管跑快跑慢，跑馬對於身體幾乎所有的細胞與器官都產生極大的影響：腳趾與腳底的皮膚結痂壞死、免疫系統因遭受高壓而讓你更容易感冒生病、身體的結締組織（soft connective tissue）和骨骼也都會處於較脆弱的狀態之外，脂肪、血管和肌肉組織等遭受了微創傷，都需要時間去恢復和再生。

　　因此，跑馬之後，休護是當務之急。

　　賽後第一週，你的肌肉很可能仍痠痛，下樓梯甚至舉步維艱，這是正常的現象，因為跑馬的運動量超過平時能承受的負荷量，導致肌肉的細微損傷和發炎，肌肉在修復過程中產生了痠痛。這時可以考慮用消炎止痛藥、和緩的按摩和散步，以維持肌肉的活動，更重要的是睡眠充足。記得，即使幾天後，肌肉已不再痠痛，但這並不表示你已經完全復原，還是需要多休息。

　　很多跑者也可能會出現賽後憂鬱，一股不知名的憂傷和失去人生目標的茫然感襲上心頭。畢竟，緊湊的訓練期結束，比賽也完畢了，頓時，空出了時間卻又不能馬上去跑步，感到空虛是很正常

的。這時，允許自己放鬆一下，正好可以利用這段時間，好好地彌補過去幾個月因為忙著訓練而一再延期或錯過的朋友聚會和與家人的相處。

一般而言，大多的全馬賽者賽後會休息一、兩個禮拜不跑。

休息兩個禮拜並不會浪費你之前的訓練狀態，7至10天不跑也不會損害你的體能。研究發現，一個禮拜不運動，VO2 Max（個人運動時身體供氧的最大能力）約減少1-3%，即使兩個禮拜不運動，只減約6%，並不算多，一旦恢復訓練，體能很快就會恢復。

一、兩個禮拜後，當身體逐漸恢復，很多教練會建議採取把賽前減量期的訓練反過來的「反向減量」（Reverse Tapering）方式，由少而輕逐漸增加，慢慢地恢復日常練跑。

什麼時候可以再開始下一場全馬的訓練？

剛跑完後的興奮心情之下，有些人還未離開賽場已再度出現「跑步遺忘症」，不同的是，這次是忘了剛剛的痛楚，迫不急待地想再報名下一場比賽。

有些人每個月或兩、三個月比賽一場，長期處在訓練與比賽的循環狀態中，有些人隔了好幾年再重披戰袍，有些人則從此不再接觸全馬賽。

完賽後多久可以再跑下一場？開始訓練？大多的教練會建議一年不超過兩場，一般而言，菁英跑者一年最多比賽兩場，之間相隔約六個月。對於一些經驗老道的跑者，如果上一場以中等或輕鬆的速度跑完，可以不用等到六個月。不論如何，跑完一場全馬賽後，身心需要充份的休息，等到你完全恢復後再開始訓練才是明智而長遠的作法。

05
CHAPTER

全馬之間，
那些啟發我們的賽事

2021年10月完成初全馬之後，我的生活回到訓練前的跑步日常。很快地，時序再度進入長冷的冬季，大多時候，新英格蘭的戶外天寒地凍，除了一有機會便往北方佛蒙特的山嶺去滑雪，我藉由跑步機來維持跑量。

曾經，我有多麼厭倦1、2月，總是在這新英格蘭最冷冽的月份裡，緊縮著身心、鬱鬱度日。曾經，我有多麼排斥跑步機，排斥如一隻困在籠裡的倉鼠般，抓著滾輪原地跨步千萬次。多年之後，我依然不喜歡這裡長達四、五個月的長冬，依然期盼著每一個能出去路跑的日子，但我已逐漸接受：既然不能改變現實，就與之為伍吧。

極凍極寒時，我想到先生說的：「多麼感謝我們擁有一間牢固緊密、溫暖安全的房子」、「多麼幸運，我們不必暴露於風雪中，在戶外謀生。」時間一到，我迅速換掉身上厚重的冬衣，跳上跑步機，隨著一本有聲書或一串歌單，暫離嚴疫外界、酷冽寒冬和腳下的方寸之地。一天又一天，一里又一里，顧好身心基本；然後，靜待著那似乎遙遙無期、但終將到來的春暖花開。

　　練跑之外，隨著跑齡越長，我更熱衷於參加各種路跑賽。即使速度普通，但我私心乞求跑步大神（如果存在的話），多賜我幾年能與其他賽者同場競賽的機會。那份與一群活力充沛的賽者並肩，槍聲一響，拔步前衝的振奮感吸引著我一次又次地站上起跑點。除了成績的自我挑戰之外，參賽對於我最珍貴的是那份「我依然站在這裡，依然願意竭盡身心所能去拚鬥一場」的堅持。對於我，每一場比賽都充滿新奇與未知，都讓我拋開中老年的刻板束縛，也讓我更接近與了解自己的潛能與極限。

　　隨著跑齡進入第二個十年，加上海奕秋天時即將離家去上大學，當新的一年來臨時，我決定把參賽的重心放在贊助公益和兒子一起參賽上。隨著一年中多場的比賽下來，我們所獲得的不僅是自我挑戰的滿足感，還有許多跑步之外的精神啟發。

🗓 2021年11月06日：環湖的5k慈善跑

　　跑道訓練之外，我素來對從頭得衝到尾、心肺快撕裂的5K避而遠之。然而因為這場比賽是在一個熟悉的湖畔舉行，目的在於贊助地方上的貧童，我便臨時報名了這場小型的路跑賽。

　　週六清晨，沒想到零下1°C的冷天跑起來這麼刺烈，起跑後，每一口吐氣都是熱煙，空氣冰凍，得非常用力才能把每口氣打入肺裡。天雖寒，地仍凍，但我很快便察覺，這場比賽的參賽人數雖不多，但每位賽者都全力以赴，最後，冠軍跑出15分14秒的佳績；而許多50歲以上的跑者尤其突出，比如，獲得女性第一名的是一位56歲的矯健女士，她以令人讚嘆的20分26秒（均速4'06"／公里）完賽。我的成績是27分46秒（5'34"／公里均速），更新了

個人的5K紀錄。

　　陽光藍天下，從6至92歲的參賽者都跑出一身熱汗，尤其，看著92歲的羅恩老先生滿臉笑容、推著四腳滾輪支架，以44分鐘的佳績（8'69"／公里均速）完成全程，很難叫人不感動。

📅 2021年11月25日：感恩節的「火雞路跑」（Turkey Trot）

　　一大清早，海奕和我一起參加了鎮上的第34屆感恩節路跑賽。

　　搬進這個老鎮之後，這項賽事就因疫情而停辦，因此今年是我們首度參加。賽前一直祈禱著天氣不要太冷，甚至下雪路滑，結果天氣很好，0℃左右，陽光普照。

　　現場，不分男女老少，或身著睡衣、睡褲或聖誕裝扮，或推著嬰兒車、牽著狗，六千多人一起歡聚街頭。比賽分5公里和5英里（約8.05公里），我們參加的5K沿著主街朝鎮中心跑，第1英里（約1600公尺）是鎮上最陡的一座長坡，最後終點也在坡上。高坡加上冰凍的空氣呼吸不易，對於這場火雞路跑，大家都抱著共襄盛舉的心情，闔家團聚，開心地跑一跑，也為稍後的感恩節大餐先消耗點熱量；另外，我則私心希望，藉此和海奕建立另一項新的傳統，日後，每當他返家過節時，我們可以和鎮民一起以這個路跑賽揭開年底節慶的序幕，感恩又過了平安健康的一年。

　　沿途，許多裹著衣帽的居民站在路旁高喊著：「感恩節快樂！」或「再加油一點、快到了，你很棒！」一些年輕的父母則不

斷地鼓勵著身旁不願繼續跑的孩子。結果，海奕以總排名第三十一名（共3892人）完賽，我則居女子分齡第三十名（共309人），能維持一定的速度讓人對嚴寒冬季裡的路跑訓練多了一些信心。跨過終點後，每名賽者獲贈本地百年烘培店烤的新鮮蘋果派一盒。神清氣爽地回到家後，我開始烹煮感恩節的餐點，現在甜點也有了，就準備飽餐一頓。

📅 2022年3月22日：佛州海角的路跑賽

春假時南下佛州，這是我第三年參加這場慶祝聖派克節的活動。海邊的起跑線前，美國國歌聲起前，賽事主辦人、退伍軍人克利斯致詞時不忘提到，漫長疫情後、能夠恢復現場比賽的可貴。時值俄羅斯對烏克蘭的攻擊正激烈，談及烏克蘭裔的妻子娘家親友此時的慘境時，老兵語帶哽咽，話語數度中斷……

這是我的第二十場半馬賽，以預期的速度順利地展開今年的長跑賽程。原本要跟我一起、跑他生平第一場正式半馬賽的海奕，因腳輕微受傷改參加10K，最後以總排行第十一名完賽。

沿著開闊的海岸而跑，風雖然有點大，幸好太陽一直沒有露臉，不至於曬成人乾。最開心的是，海奕終於也得以體驗：在黑暗中起跑，跑著跑著，天光乍然照亮整個世界的那份神奇。

📅 2022年5月1日：Step Up for Coleen 5k 路跑賽

是個15˚C左右的美麗早春，徐風暖陽，很完美的路跑天氣。

近三千名身穿粉紅T恤的賽者，聚集在鎮中心的草地公園上。放眼過去，粉紅的賽者混合著舉目皆是的粉紅雛菊，現場如一片粉紅海。

雛菊是女老師柯琳‧雷瑟（Colleen Ritzer）生前最愛的花，這位鄰鎮

高中備受學生歡迎的數學老師，2013年不幸被一名情緒異常的學生殘害，造成當時社會極大震驚。當年才24歲的柯琳是我們鎮的居民。慟失愛女後，柯琳的父母化悲傷為大愛，以她的名義成立了一個基金會，多年來透過路跑賽募捐與各方贊助，幫助了許多高中女孩完成跟女兒年輕時一樣，當一名老師的心願。

新英格蘭的賽道固定坡度艱鉅，參賽者雖不乏跑步好手（第一名以17分完賽），但主要還是以支持這項公益為首要目的的民眾為主。許多人全家動員，年輕人尤其是國、高中年紀的女孩子，或是參賽，或是擔任啦啦隊和補給的義工。看著她們一張張熱情洋溢的臉龐，不禁讓人相信，柯琳老師所留下的那份熱忱良善的精神，一定會傳承下去。

📅 2022年6月26日：B.A.A 10k 路跑賽

　　一個非常燠熱的夏日，烈陽下，五千多名參賽著把波士頓的大眾公園擠得熱鬧無比。這也是我們第一次見識到，賽程中除了每一英里都設置了補水站，一跨過終點，草坪上還有一袋袋的碎冰塊和猛轉著的大型水電傘供賽者做冷卻，起跑前，主辦人員更是不斷地提醒大家注意補充水分。

　　起跑線旁，海奕和我一慣地互相祝福，約好跑完見。接著，他走向隊伍的最前方，我則在中間處找到我的速度起跑分區（Start corral）就位。起步後，我們很快地離開大眾公園，沿著「後灣區」（Back Bay）的聯邦大道（Commonwealth Avenue），跑向波士頓大學和紅襪隊球場附近的「肯莫爾廣場（Kenmore Square），最後在半途點折回。

　　天氣實在太熱了，大家都擠向樹陰下的細長空間，儘可能爭取一點點涼意。

　　烈陽下，我在開始折回的賽者群中尋找著海奕的身影。不久，從中點折回的他出現了，人群中我們朝著彼此伸出手臂，迅速擊掌後，各自繼續奮戰。

　　這場比賽，兩人針對高溫調整目標，海奕設了45分，我則設1小時3分。最終，海奕以44:16（分組第十四名），我以1:02:13（分組第五十二名）完賽；此外，這場激烈的比賽還讓我們拿到了第一面和波馬相似、含有「運動員追求個人極

限」意義的獨角獸獎牌。

一如往年，這項由波士頓馬拉松主辦單位所負責的比賽，吸引了全美許多頂尖的奧運與菁英跑者參與，其中包括前波馬女冠軍德斯・林登（Desiree "Des" Linden）、美奧運代表艾米莉・希森（Emily Sisson）等人。當主辦單位一宣布：「美國賽者蘇珊娜・斯卡羅尼（Susannah Scaroni）以21:56打破女性輪椅10k世界紀錄」、「加拿大的班・弗拉納根（Ben Flanagan）以28:11改寫加國紀錄」，做為起、終點的波士頓公園現場歡聲雷動。

整體男女冠軍分別由肯亞出身的美國賽者雷納德・科利（Leonard Korir）以28分和美女子馬拉松兼世界10英里紀錄保持人綺拉・狄瑪托（Keira D'Amato）以31分17秒贏得。神速！！

綺拉・狄瑪托近來異軍突起，38歲的她不久前剛以2:19:12重寫美國女子馬拉松紀錄（數月後，這項紀錄被艾米莉・希森在芝加哥馬以2:18:29刷新）。高中畢業後，狄瑪托的跑步生涯一度中斷，經歷結婚、生子、拿到仲介執照，過著跟菁英跑者一年四季密集訓練迥異的生活。決心重回跑壇後，狄瑪托抱著好玩輕鬆、跟其他專業跑者不同的心態（當然，訓練及參賽時完全不放鬆），反而屢創佳績。接受2022年7月號的《跑者的世界》訪問時，狄瑪托談到，現在的她除了慢慢累積里數，最大的改變是，衡量自己進展的標準不再是「是否達到自我設定的目標，而是是否達到她想獲得的樂趣」，跑場上，她追求樂趣遠過於成功，抱持著這樣的心態，她不但訓練得更努力，也跑得更快了，年紀與經歷教導了她：「未達到目標時，我學會原諒自己，我熟知失敗是什麼感覺，它並非那麼糟糕，並不是每個跑者都明白這一點，對我而言，這一點很強大。」

📅 2022年8月27日：新罕布夏州10英里

暑假結束之前，海奕和我想著再參加一場路跑賽，作為我們的「賽季大結局」。

酷夏賽事本不多，遍尋之下，我只找到這場「新罕布夏10英里」（NH 10miler）較為適合；然而報名之前，我卻甚為猶豫，因為這場環繞新罕布夏州瑪沙貝西克湖（Massabesic Lake）湖畔而舉辦的比賽，在新英格蘭跑界以陡坡——最高達500多英尺（1640公尺以上）的連續爬坡著名，主辦單位從不諱言其挑戰性，每年甚至在T恤上印出："What the Hill!"（什麼鬼坡！）、"Hill Hill Hill"（坡坡坡）或"Why the Hill Not?"（沒坡才怪）等「驚悚」的字眼挑釁參賽者。

正值第二場全馬訓練期間，擔心一不小心會跑壞膝蓋和臀肌的我，遲遲無法下決心，最後經不住海奕的慫恿和鼓勵：「這是我們這個夏天的最後一場比賽，何不來個更大的挑戰以作為圓滿的「賽季大結局」（season finale)？！」我按下了報名鍵。

權衡之下，我們也決定再次母子接力，我跑前面5英里（約8.05公里），他收尾。研讀過跑場後，發現眾山坡中又屬4英里（約6.44公里）和7英里（約11.27公里）的坡最陡又最長，對於兩人算是公平分配。

比賽日，我們在清晨7點便抵達現場，誰知，這場湖光山色的賽事近年來不斷地吸引愛挑戰的各方跑者，愈成規模，停車場爆滿之下，包括我們在內的停車隊伍只好沿著狹窄的公路兩旁，緩緩而行尋找車位，終於找到位置後得再走一段長路才抵達起／終點。

悶熱的夏日清晨，湖面帆影點點，在活動主持人的「你自知參

加的是一場什麼樣的比賽」、「不要衝太快，記得留點腳力」等提醒（或警告）下，我隨著數千名跑者起步，海奕也搭上接駁巴士，準備到中點去等我。

上坡下坡，我不斷地攀爬，也不斷地自勉要盡力地跑，善盡搭檔之責。果然，4英里（約6.44公里）處的坡又長又陡，旁邊的跑者有的跑，有的改用走的。慢慢爬跑的困難中，我腦中浮現了昨晚在《男孩、鼴鼠、狐狸和馬》一書中讀到的句子：「想像一下，如果不那麼害怕，我們可能會變成什麼樣子？」

然後，我告訴自己，快了快了，再過一個坡，就會看到海奕了。

終於，一跨過5英里（約8.05公里），我看到了坡頂右邊，一間白色教堂前人群裡的兒子。母子會合後，我迅速地把腳上的感應條換纏在兒子的右踝上，對他大喊一聲：「Have a good run, see you at the finish!」接棒後的海奕飛步向前奔，很快就消失在山林之間的賽道上。稍事休息後，我上了接駁的校車巴士，返回原點等他。

湖畔旁的草地上，在現場DJ的熱門音樂助興下，陸續完賽的跑者或寒暄、補給或拍照，現場一片輕鬆喧樂。

終點線前，我密切地注意著衝刺而來的參賽群。不久，兒子那熟悉的身影出現遠方。我狂揮雙臂，力衝的他毫不減速地向前飛奔，我狂追趕上他，最後母子一起跨越終點。

結果，由海奕取名為「傻氣的蠑螈」的我們以1:23:22完賽，比預定的一個半小時目標整整快了近7分鐘，居整體五十組接力隊的第四名。

互相擁抱與道賀，我謝謝海奕的飛速與奮戰，讓我們得以保持一定的成績。「媽媽，我沒想到妳那麼快就出現了。」海奕稱讚

	Results	Menu
1	Ohms Lawbreakers	1:11:16.7
2	Steve Harrington Babysitter Club	1:20:41.2
3	BullDAWGS	1:21:27.6
4	Silly Salamanders	1:23:22.2
5	Happy Anniversary	1:24:26.1
6	KAR&MER	1:26:01.2
7	Monarch Ladies	1:29:32.2
8	cat no name	1:31:11.9
9	The Jiggly Jackrabbits	1:34:14.9
10	Danica and Katie	1:34:15.1

道。考量這賽程的難度與參賽者的水準，兩人都很開心獲得這樣的結果。

　　母子聯手接力，因為是一個團隊，我們必須善盡隊友之責，各自全力以赴。賽場容許時，我們會在最後一、兩百公尺處迎接對方，並肩衝線。賽後，我們固定給彼此一個擁抱，互讚：「Good run!」、「Good race!」或「Proud of you!」回程的路上，我們喜歡找一間餐廳吃早午餐，利用他們的洗手間稍事換衣與梳洗後，坐下來放鬆、好好地飽餐一頓。

　　隨著海奕的成長，我和他一起參賽的經驗也稍有改變。

　　當他還是個小男孩時，我們單純地扮演著為彼此加油、在終點歡迎對方的啦啦隊員角色；而今，我們成為不折不扣的跑伴——賽前設定目標、互相鼓勵、賽後分享經驗、互相肯定之外，我們喜歡

一起討論跑步技巧、配速、補給與心戰策略等。藉由跑步這個主題，我們從討論各自的目標、身心所承擔的忍受比例……，延伸到彼此的時間管理、對夢想的追尋等等，話題無盡。

因為跑步這項共同的愛好，海奕和我不但各自成為更強健的人，更了解彼此的個性優缺與強弱，我們的關係也變得更堅實而有默契；無疑地，這份如師如友的母子之情是我此生最珍貴的情份之一。

轉眼間，海奕再過幾天就要離家去上大學了，我們互相承諾，不管日後是否一起參賽，都要一直一直地跑下去，都要好好地照顧自己。

離開賽場時，日光暖暖地穿透雲層，湖面平靜無波，而我卻心潮起伏。

06 CHAPTER | 半馬破90分的男孩

跑步以來，海奕一直以學校的越野（5K）和田徑賽跑為主要的訓練和比賽項目，隨著年紀與體能逐漸成熟，當我向全馬探進時，他也開始自我訓練並正式參加半馬的賽程（基於全程馬拉松可能對發育中的體格產生負面影響，一般並不建議18歲以下的孩子訓練或參賽全馬）。身為他的家人與跑伴，我有幸目睹這個大男孩設立目標、自我挑戰與蛻變的珍貴過程。

📅 **2022年10月23日：秋天，母子的半馬賽**

海奕和我參加了今天在東北「紐伯里波特」（Newburyport）海港舉辦的半馬賽。

陰冷的天氣，落葉繽紛，深秋的賽場是一片金黃的世界。

起點線前，放眼四周幾乎全是年輕人，這場比賽是有名的具挑戰性，參賽者以處於長距離賽跑巔峰期的20-40歲跑者為主。

這是海奕的初半馬，起步後，跟在老遠後面的我一路上想的都是：「不知他狀況如何？有沒有按照我的提醒一開始不要衝太快、注意配速、適時補給？這些坡，哎呀，不知他還好嗎？……」

直到跨過終點！

海奕以1:33:49（4:26／公里均速）贏得男子19歲以下組冠軍。

而三個禮拜前才跑完上一場半馬賽的我，也跑出了個人十年來、二十三場半馬中的最佳成績：2:08:44（均速約6:06／公里）小小而珍貴的8秒PR，花了漫長的6年，一定是因為有兒子一起。

除了賽前的準備、賽程中不斷地奮力向前、賽後的滿足等熟悉的體驗之外，歸途上，母子倆聊到奮戰的過程。可憐的他，賽前吃錯食物，最後數英里肚子痛了起來，只得硬撐到終點。

當我問他，第一次跑這麼長的距離，當身心備受挑戰卻必須竭盡一切時，他如何自我激勵？海奕說：「重複地，我告訴自己：感恩我能跑、我很強壯、我活著。我告訴自己：我可以的！」

📅 2023年1月29日：海岸的半馬賽

這是海奕的第二場正式半馬，也是他第一次獨自參賽。

賽程包含半馬、全馬和50K超馬，沿著風景優美的海岸線而跑，但數座參天的跨海長橋是最大的挑戰。

目送站在隊伍前頭的他緊隨著菁英們起跑後，我也沿著別墅區慢跑，一看時間差不多了，即馬上折回到起／終點等他。從下載的追蹤程式裡，我看到10英里（約16.09公里）處，海奕居整體第十一

名，注視著代表著他的黑點移動，我的心裡比自己參賽還緊張。

安靜的遠方傳來了喝采與鼓掌聲，這時賽道旁的觀眾們都知道，冠軍正朝著終點衝刺而來。不久，一位精壯的中年男子跨過終點線，成績：1小時12分，從活動主持人透過麥克風的道賀中，聽得出他是一位馬拉松的長勝軍。

好奇地搜尋後，發現這位跑者兼舉重教練肯·瑞德奧（Ken Rideout）大有來頭，是紐約馬2021和2022波馬50歲以上冠軍。後來我在《華爾街郵報》2023年2月號的一篇採訪報導中，讀到他背後頗勵志的故事：成長於複雜貧困的波士頓郊區，因繼父入獄服刑，青少年時在監獄打工的肯，發誓永不步上其後塵。成年後，肯一度因生意不遂而染上毒癮，戒癮後，他得了跑步的癮，跑步幫助他健康，更幫他不再憎恨自己。拳擊手出身的肯天性愛好高度的競爭與挑戰，參加任何比賽「隨時有為勝利而付出生命的準備」。51歲時，他在2023年3月的東京馬跑出了2:29:14的成績。

陸續地，其他賽者也出現了，在我的高喊加油中，赤著上身的海奕高舉著雙臂跨過終點，以1:34:15（4:28／公里均速）贏得分組第一名，總排名第十三。

一離開終點線，兒子迫不急待地坐在地上，脫下襪子，原來他在最後兩英里時腳底破皮了。一見他的傷口，我一方面對事先疏忽再度提醒他慎選跑襪和塗好凡士林，滿懷歉意；同時，對這個小子所展現的毅力與耐力也不由得打從心底佩服。

📅 2023年4月18日：破90分的半馬賽

陰雨涼冷的初春4月天，海奕的第三場半馬在鄰州三個鎮外的一條長步道上進行。由於步道狹窄，比賽採似疫情隔離時的方式——按照個人速度，一次只有兩名賽者同時起跑，每組之間相隔15秒，以疏散賽道上的人群。原本以為菁英們都去準備參加隔天的波馬賽了，誰料競爭依然頗激烈（最後總冠軍成績：1:14:31）。

跨過終點時，當我一看到先生現出手機中海奕的成績，頓時淚濕了眼眶：海奕真的破了一個半小時，以1:29:44（均速4:15／公里）拿下分齡冠軍，比上一場半馬足足快了4分鐘。

正式參加半馬賽並先後以1:33:49、1:34:15完成第一、二場正式比賽後，海奕給自己設了一個目標：破90分鐘！

這個速度對長年訓練的菁英跑者或許不難，但剛上大一的海奕，在應付繁重的大學功課、擔任兩間住有共兩百多名學生的宿舍主席、積極申請暑期研習與身處新英格蘭酷寒長冬的天候下，自我訓練並不容易。

很多週末清晨或傍晚，當宿舍一片安靜，室友還在被窩裡或出去參加派對時，海奕綁上鞋帶，出門去練跑。從他傳給我的照片，我想像他從宿舍所在的「果園山頂」朝麻州西部的鄉間跑去，沿途，或綠野蒼翠或日落沉靜，一個帶著耳機的大男孩，在他熱愛的另類搖滾聲中，如一匹無拘的駿馬，向前奔馳。

近距離觀察海奕的跑步歷程，我看到他如何自我鍛鍊、追逐著屬於自己的目標。在學習更有效率地管理體能與生活的同時，他不斷地為人生的風雨累積應對能力，身為他的母親和一起上跑場的戰友，實難掩心中的欣慰與讚佩。

高度競爭、為了求贏而不擇手段甚至導致運動員永久身心創傷的競賽，雖不時引發爭議；然而，若能健康地面對，不論在人生任何階段，比賽無疑提供了珍貴的學習機會。

為了參賽，你必須努力地訓練，做好周全的準備。比賽時表現良好當然很好，但，更多時候，從一場表現不臻理想的比賽，我們可以學到更多寶貴的經驗。首先，你必須去了解輸的原因——期望或目標設定太高？準備不足？天候不佳？賽場挑戰？再者，找出下次可以改進的地方，加以修正。然後，你必須學習去接受不可改變的天然或人為因素，再接再厲。人生路上，沒有人能永遠保持領先，如果能一次次地嘗試，不放棄地繼續努力，不管結果如何，永遠保持你對這項活動和生活的熱情，在我眼中，你就是一個贏家。

隨著成長，海奕與跑步的關係也有了改變：高中四年，身為校隊成員的他，為隊爭光，到處征戰、比賽無疑是訓練的重心。畢業之後，他單純地為興趣而跑，練跑沒有減少，樂趣卻明顯地提高了，跑步成為完全私屬於他個人的一部分，他跑山嶺、跑原野、跑鄉鎮，不再需要對團隊負責讓他更自在與獨立。

每當有機會和海奕一起跑步或參賽時，除了以身作則、鼓勵、

支持與耐心地等他準備好、給予歡呼、擁抱，比孩子更興奮地投入之外，我持續秉持著下面幾個原則：

● 讓孩子建立屬於自己的經驗

除了提供跑步資訊與賽事相關的訊息，比如，比賽時間、地點，賽場大致如何等，其餘的我留給海奕自己去準備與體驗，盡量不要干涉太多，尊重那是「他的比賽」。

記得剛從短距轉半馬的初期，海奕曾因賽前吃錯食物、沒有做好防磨的措施、沒有規劃好如廁的時間等，而嚐到不少苦果，之後，他修正調整，慢慢地成為一個熟練的賽者。

● 鼓勵興趣，從不勉強

報名每一場比賽之前，我以跑友之姿邀請海奕參與，若他因功課忙或練跑不夠而無法參加時，我從無二話，讓孩子保持對跑步與參賽的興致勝過一切。

● 讓跑步成為共同的興趣

分享練跑經驗與新知之外，海奕離家上大學後，跑步成為我們日常簡訊與電話中最常出現的話題之一。

我們的對話譬如：
媽媽：「兒子，你在做什麼？」
兒子：「我剛跑了9英里（14.48公里）回來。」
媽媽：「什麼？！外面在下雪呢！」
兒子：「下雪時跑起來很棒啊，」

媽媽：「歐，希望你有小心路滑，」

兒子：「妳放心，我慢慢跑，5分速／公里左右……」

……

媽媽：「兒子，我換了××牌的跑鞋。」

兒子：「真的，跑起來如何？」

媽媽：「不如××的墊軟支撐，但很輕，跑起來有飛翔感，你應該也會喜歡……」

……

媽媽（傳上一張照片）：「剛跑完5英里（8.05公里），今天的天氣很適合路跑，風有點大，但陽光溫暖，街道的積雪也已鏟得很乾淨……」

兒子：「照片很棒！我今天課比較晚，快天黑了，晚點再去體育館用跑步機，今天練速度：400公尺以10k的速度重複10次……」

訪問海奕談半馬

母 我知道在創下個人最佳紀錄（PR或PB）之前，你參加過兩次半程馬拉松：Newburyport（成績1:33:49）和Clearwater（成績1:34:15）。從這兩場比賽中，你學到了哪些寶貴的經驗，如何把它們運用在第三場比賽中？

子 從那前兩場比賽，我學到基本的重要性。所謂的基本包括賽前有充分的睡眠、吃對的食物以及水分的攝取等。參加前兩場比賽時，我因為忙錄而忽略了這些基本的準備，結果在成績上付出了代價。

母 能否描述一下你平日的訓練狀況？在應對課業、社團和生活責任的同時，你如何利用時間，將訓練納入其中？

子 通常我每週的目標是跑四至五天，週跑量約30英里（約48公里）。長跑則跑到12英里（約19.3公里）（準備半馬賽時，我是應該跑得更遠一點的。）至於每週的課表，基本上類似我在高中越野隊時：每週3次短至中距離，1次長跑和1次速度或節奏訓練。我的肌力訓練相對來說算是基本——每週做幾次重量和核心練習。

母 你在第三場比賽中以1:29:44的成績成功地達成破90分的目標，你是如何掌控比賽時的配速和節奏，使用了哪些策略以保持全程所需的意志力？

子　破90分的那場比賽中，我的配速非常一致，均速每英里跑6分
　　52秒（約4'16"／公里），每一英里的配速都沒有快過或慢於2
　　秒以上。整場比賽中，我靠耳機裡傳來的音樂振奮精神。賽前
　　我精心製作了一份歌單，並將最熱烈的歌曲安排在比賽最艱難
　　的路段。

母　你會給那些想從較短距離比如5公里轉向中長距離的運動員什
　　麼建議？另外，對於那些在比賽中致力於提高個人成績的跑
　　者，你有什麼建議？

子　對於從5K比賽
　　轉向半馬賽的人
　　（我稱之為越野
　　轉半馬之途），
　　首先也是最明顯
　　的是，增加你的
　　訓練距離──若
　　參加半馬賽之前
　　你沒有至少跑過
　　10英里，到時你
　　的參賽經驗可能
　　無法那麼理想，
　　甚至會受傷。另
　　外，建立你與跑
　　步的關係，如果
　　你要連續花2小
　　時去做某件事，

那麼它對你應該有某種程度上的意義。至於提高速度，我建議
認真看待你的速度訓練和長跑，並從中找到樂趣，比如製作一
份跑時的精彩歌單；盡可能從你花在跑道、跑步機或小徑上的
時間，獲得最大的收益。

母 跑步吸引你的地方在哪裡？跑步或比賽時，你最喜歡的時刻或
感覺是什麼？

子 對我來說，參加半馬最大的樂趣來自於，我知道我可以跑超過
13英里（約20.92公里）。跑步最棒的感覺在於讓我知道我有
能力做某件事，比如，當學校課業比較挑戰時，我常常望向大
學校園周圍的山脈，想著：「此刻我選擇待在這（課堂）裡，
但如果我要的話，我可以跑上那片山丘。」

07 再接再厲的全馬之路
CHAPTER

對於任何跑者，人生初全馬永遠會在她／他的心中佔據一個特別的位置——決心去跑馬時的興奮、訓練期間的辛苦與種種不確定感、站在起跑線前的緊張、賽道上的掙扎甚至苦不堪言、跨過終點線的歡呼與淚水……所有的一切都是他（她）前所未有、最特別的第一次。

再來呢？

終於抵達42.2公里的盡頭時，很多跑者的反應是：太痛苦了，打死我不會有下一次！此時，不管你跑出什麼成績，經驗如何，很少人會想馬上再開始一段四、五個月的鍛鍊日子。

然而，隨著時間，當你從比賽中稍微恢復，當回味起那苦甜痠痛交織的初全馬，那26英里／42公里逐漸不再是一場磨難，而是可以加以利用的經驗。當你再度出門跑步時，奇妙而詭異地，想再去跑一場全馬的念頭又悄悄地浮現了。然後，你腦中開始浮現下列的「如果」：

「如果更注意補給，說不定第二場就不會撞牆？」

「如果前一晚不吃×××，說不定下次就不會跑到一半拉肚子？」

「如果找一場比較平坦的賽道，說不定會跑得比較輕鬆？」

「如果更確實地練習，說不定下一場會跑出更好的成績？」

這些「如果」如新鮮空氣，開始把你想跑第二場全馬的希望氣球越吹越鼓，大到，原本可能信誓旦旦一生只要跑一場全馬就心滿意足的你，不知不覺地又報名了下一場全馬賽：畢竟，唯有再度上場，才有機會實現那些「如果」，才有機會創新個人的跑步史！

2022年春天，我開始醞釀著去跑第二場全馬賽的念頭。

6月底，我正式展開第二場全馬訓練。

這一次我要去跑「費城馬拉松」。

為什麼是費城馬？

隨著跑步成為全球風行的運動，各種賽事如雨後春筍，參賽人數膨脹速度驚人。過去十年以來，全美跑步的人口增加了57%。跑步的人多了，各項賽事的參賽人數也激增，尤其是盛名的賽事比如芝加哥和柏林這類以地勢平坦出名的比賽，30年之內增加了10倍，其中比如，柏林馬從1974年的男性236人、女性8人，暴增至現在每年來自全球、超過四萬人參賽。

隨著報名人數的增加，著名的馬拉松參賽門檻逐年提高，舉例而言，世界六大馬拉松中歷史最悠久、賽道最挑戰、每年吸引全球數萬優秀快腳的「波士頓馬拉松」，除了需要具備一定速度（BQ，正式被認證的波馬參賽資格）才能參加這個比賽，隨著報名人數愈增，其參賽門檻也越提越高（2003-2012：男性18-34時間是3小時10分，女性同齡3小時40分鐘，2013-2019各年齡層皆提早5分鐘，2020之後再提前5分鐘），目前（2024年）參賽的速度要求如下：

年紀	男性	女性
18-34歲	3小時	3小時30分
35-39歲	3小時05分	3小時35分
40-44歲	3小時10分	3小時40分
45-49歲	3小時20分	3小時50分
50-54歲	3小時25分	3小時55分
55-59歲	3小時35分	4小時05分
60-64歲	3小時50分	4小時20分
65-69歲	4小時05分	4小時35分
70-74歲	4小時20分	4小時50分
75-79歲	4小時35分	5小時05分
80歲以上	4小時50分	5小時20分

　　波馬除了門檻高，隨著報名人數激增，為了控制賽事規模，近來不斷提高「錄取低標」的（cut-off time）時間，表示即使當你達到「波馬門檻」，還必須減去「cut-off time」，才是該年的低標錄取成績。比如2022年是7分47秒，是歷屆最高，舉18-34歲組男性為例，報名門檻為全馬3小時整，但實際能站上起跑線的跑者，需要有2小時52分13秒以內的成績才能參加！

　　對於達不到速度要求的跑者，有些大型國際賽事（波馬除外），若想參賽，抽籤是最普遍的方式，然而隨著報名人數激增，中選的機會也相形變小，根據《紐約時報》2021年的一篇報導：柏林馬的中簽比率約16%，而紐約馬的比率約9%。

　　至於其他的參賽方式，最常見的是募款，為某個公益團體而跑，需募到的金額並不低。有些賽事也與一些特定的國際旅遊機構合作，提供少數名額給國外的跑者，唯要注意有些機構仍會要求跑者具達標的資格。

　　自己天性害羞，要募到高額的款目恐難，加上覺得跑步是很個人的事，我繼續朝著有朝一日或許能靠自己的能力或運氣去參加這些世界大賽的夢想前進。

　　柏林和芝加哥馬抽籤相繼槓龜後，在考慮第二場賽事時，我本想再跑一次附近的「灣州」全馬。心想，有了去年的經驗，今年可以專注於跑出更好的成績。報名前，正好看到費城馬的宣傳。該賽事緊接著許多熱門的秋天馬拉松如芝加哥和紐約馬之後，資格限制相形較少，雖需安排住宿，但並不算太遠，還可以藉此體驗一場大城市的比賽經驗。正躊躇不定時，最後因為先生的一句：「以你的年紀，這輩子還能跑幾場全馬呢？與其重複，何不多一些不同的經驗？」當下拍桌定案：11月20日，費城馬，我來了。

　　一如上次，報名之後，我針對這次「破5」的目標，參考擬定了一份適合自己的訓練表，正式進入訓練期。

　　馬拉松訓練從來不輕鬆，從練跑到肌肉筋骨與飲食修護，需要一定的時間。尤其逢盛夏，太陽一貫地火熱，早起需要很大的毅力，晚上不但暫時不能追劇，睡前最好就把衣物鞋子耳機等準備好，醒來後也不能再悠閒地滑手機或悠閒地用洗手間，必須分秒必爭，趁高溫前迅速出門。

　　再次回到課表上，年紀又大了一歲，經驗也多了一些，比起去年對賽程充滿未知，擔心著跑全馬到底是什麼樣子？屆時能不能跑完？這一次心情篤定多了，一如以往：盡我所能，一步一步地向前。

❖ ❖ ❖

母子一起整個暑假的訓練與參賽後，9月初，海奕搬進新生宿舍，正式展開大學的生活。

數月、甚至數年來，我準備著這一刻的來臨，「要睡好覺、保持運動、要多吃蔬菜⋯⋯」叨唸叮嚀，緊緊地擁抱他，最後哭著離開校園，一上了車才發現，我一定是難捨得變傻了，竟忘了再次告訴兒子，我有多麼以他為傲，多麼地愛他。

「妳會很難過，會很想念，但，為他高興，他開始人生的另一樂章了⋯⋯」回程的車上，讀到前後送過三個孩子離家上大學的朋友傳來這簡訊時，我的眼眶又濕了。

晚上的電話裡，兒子興奮地告訴我認識了新朋友、在迎新嘉年會開心地跳舞、室友人很好等。第二天早晨，他傳來獨自去散步時拍下的兩張照片──天空蔚藍無雲，綠草步道長又直，朝陽暖照大地；我幾乎可以聞到他住的果園山丘上，清新的9月空氣。

隨著海奕的離家，先生和我也正式進入空巢期。

雖然知道兒子已做好獨飛的準備，我們也固定和他透過簡訊、視訊與電話聯繫，聽他敘述日常生活、課業與人際，知道他很好、很忙碌地展開新鮮人的生涯，但我依然連續幾天不敢經過他的房間，兒子不在的那份空與靜，讓人依然忍不住想哭。

跑步吧，跑步讓人轉移注意力。

多年以來，運動幫助我維持穩定的作息與情緒──不管身處於那個人生階段、什麼樣的時空與現狀，當專心一致地從事某個計畫、朝著某個目標前進時，身心皆較安定，日子也變得很單純。

進入9月後，我再度迎接多是12英里（約19.31公里）以上的

週末長跑。

這時，先生決定把越野登山車改成道路單車，當我出門長跑時，他可以沿途陪我。常常，他隱身進入樹林裡獨騎一陣子後，會不預期地出現，在跨越數鎮的路程上找到我。有時，他會突然從某個山嶺用手機捕捉我跋涉的身影。有時，則對在公路旁停步補充能量膠的我戲喊：「不可以作弊用走的！」之後，他來來回回、亦步亦趨地陪我一段，以確定我安全與補給無慮。

當訓練來到高峰期，逐增的里數對身心總是挑戰，但也意謂著終點越來越近了，筆記上最常出現的字句是：「加油，妳可以的！」

讀著這些充滿正氣的字句，有時不免感到奇妙而珍貴：跑步改變了我原本悲觀與自我懷疑的個性。

從小到大，天賦普通的我偏偏對自己期待高；這樣的人明擺著要吃苦，因為他／她總是處在一種挫敗感中──覺得自己不夠聰明、不夠努力、不夠完美……難以看到自己的好。

然而，開始跑步之後，或許是體能受到的考驗，讓人沒時間或力氣再多愁多慮；或是在路上獨處的時間實在太多了，那數十分鐘或數小時之內，沒有外界的聲音或評價，哪兒也不能去，什麼問題也無法立即解決，我只能跑、呼吸、感受清風雨水或太陽的

接觸。這時,只有當下的自己和眼前的長路,無法急躁,不再焦慮,自我懷疑只會讓往前進更辛苦,這時,不鼓勵自己鼓勵誰?不愛自己愛誰?

　　跑步的人各有自己的修行,很多人為了「得到」而跑──得到健康、獲得讚賞、得到某個成果;然而,有些人則是為了「放下」而跑──放下失戀、失親、失敗等「失去」之痛。對於後者,跑步最初的目的不是「獲得」些什麼,而是「放手」──放掉傷痛,放掉遺憾,放掉對自己與外界種種不適當的期待,放掉對完美的追求。慢慢地,跑步成為一段自我療癒與接受的過程──藉由放開,終於接受:生命從不完美,我們都不完美,也毋需完美。

📅 2022年10月2日:中場驗收

　　第二場全馬訓練進入巔峰期後,練跑之外,根據我這次的課表,賽前五、六個禮拜,最好參加一場較短距離的賽程,以驗收一下目前的訓練狀態。如先生所說:「如果那時你還不能從容地應付一場半馬,那全馬恐怕堪慮了。」

　　聽話的跑步老學生如我,報名了在鄰州新罕布夏「漢普頓沙灘」舉辦的一場半馬賽。

　　上一次跑這場比賽是五年前,當時我正受雙腿ITBS(髂脛束症候群)之苦,對跑步產生了很大的懷疑;但那同時,又因為已愛上跑步而很想一直跑下去;因此,那場比賽有點成為跑不跑下去、要多認真地跑的決定關鍵。

　　猶記當天,跑到5、6英里(約10公里)時,新舊腿傷全冒出了,一跨入終點馬上就因為小腿肌鎖住而首度進入醫護帳篷求冰敷

與止痛；然而，因為整體的狀況好過預期，加上賽場風景、熱情加油的民眾、賽後的生啤酒與搖滾演唱會等吸引，更別提現場供應的美味龍蝦捲和蛤蜊濃湯，一切讓人印象絕佳，當下即立下心願，只要還能跑，就一定要再來。

再次踏上這個賽場，10月才進入第二天但新英格蘭的早晚氣溫已低，清晨出門時只有10°C，抵達海邊時，狂風吹襲，每小時17-20英里（約32公里）的風速下，體感只有約7°C。海邊的各式招牌、旗幟狂敲猛舞，陰霾天空下，海灘沙塵滾滾，數千賽者緊縮著脖子，相信大家心裡對這場賽事都抱著未知。

除了作為全馬的暖身賽，這一場比賽我還有一個目的：確實練習補給與配速。

最近幾次長跑後，我的身體反應其實並不理想，先後兩個禮拜，跑完15公里（約24.14公里）後甚至出現發冷與嘔吐感，顯然地因補給不善而導致身體虛脫。因為那些長跑只是練跑而非正式的比賽，我心想，反正會背水和能量膠上路，屆時仰賴過程中的補給應該就可以，因此跑前並未增加碳水化合物，上路前的早餐有時只吃了半個貝果夾蛋或一片吐司塗花生醬，如此約200卡的總熱量，如何應付16英里（約25.75公里）所需的2000卡以上的熱量，而能量膠充其量一包不過100卡，也就是說，我把自己放在過度消耗的狀態下，難怪不但後面幾英里跑得困難，跑完更要虛脫了。

審視了問題所在後，這次我從賽前兩天就開始多補充碳水化合物，讓身體有充分的時間囤積；此外，賽前一個禮拜只進行1次速度練習、2次輕鬆跑和1次肌力訓練，讓身體獲得充分的休息。

站在起跑點上，由於身心有充分的準備，起跑後我很快發現，感覺很好，這樣說或許有點誇張，但這是生平第一次，身體好像在

對我説，它很愉快，很舒適，它準備好了。另外，經過一個夏天的訓練，心理上對13.1英里（約21.1公里）也更適然。

　　繞著海邊的旅館商店區跑了數英里後，我們正式拉拔往北，沿著大西洋海岸而跑，5至9英里（約8.05至14.48公里），強風直襲而來，風勢之猛，幾度令人搖晃，難以支撐。所有賽者如風暴中的戰士，低著頭、緊縮雙臂、猛擺雙臂，奮力向前。

　　考慮接下來還有一個多月的訓練期，因此我把今天的重心放在跑一場順利的比賽。起跑後，不斷提醒自己不要跑太快，專注於練習配速，維持在10分／英里（約6:15／公里）均速以下，最好能「負分段」（negative splits），即到最後還有力氣衝刺。

　　最後我以2:11:15，比5年前快了4分多鐘完賽，最後4英里則分別以：9:58（6:11／公里）、9:49、9:49（6:05／公里）、9:35（5:57／公里）達成持續加速的目標。

　　最強的風，最穩健的身心。看到成績，一如許多跑者這時的OS：如果天候好一些，今天一定可以跑出更好的成績。但，比賽永遠充滿未知，與其希望遙遠的未來，我改而肯定自己：你做足了功課，把每個該注意的地方都徹底實踐了，經驗的累積勝過一切。況且，沒有

什麼比感覺更老更強健，更令人心滿意足了。（2023年，我第三度參加這場比賽，因為氣候比較溫和，我的成績也更進步了一點，以2:08:45完賽。）

📅 全馬前跑一場半馬賽的好處

不論對菁英或業餘跑者，42公里都是一段漫長的距離，因此，訓練全馬的期間，若能參加一兩場比賽，尤其是半馬賽，有許多助益，包括：了解你目前的訓練情況，模擬比賽實況，利用這個比賽來練習賽前的作息與裝備、賽道上的補給與配速，幫助你減輕站在全馬起跑線上、面對一個「巨獸」時的緊張、測試你的意志力，以及若賽中發生意外時（比如肚子痛或受傷等）的應變策略與能力。

全馬前的這場半馬，最好是挑一場鄰近、較小型的，讓參賽過程更輕鬆。至於賽道則偏好與全馬賽道相似，比如，如果全馬的坡很多，選一個相似、坡多一點的半馬，有助於準備你的身心。

如果你在這場比賽時補給不足，接下來可以多做練習。若發現坡度是一個挑戰，接下來不妨加強坡度的訓練。總之，善用你的半馬經驗，幫你建立更多站在全馬起跑線上的信心。

能不能跑馬，終究得下去跑才知道。很多時候，為了減少受傷的機會和加快跑完復原的時間，全馬訓練時即使是長跑日，跑者通常會維持一個比比賽時更慢的跑速；然而，正式比賽時，你一定會加快速度。因此，如果你無法順利地跑完一場半馬，那麼對雙倍長的全馬可能就得更謹慎地考量與評估了。

📅 2022年10月9日：令人振奮的一天

週日上午，「芝加哥馬拉松」實況轉播看到一半，我也出門去跑今天該跑的18英里（約29公里）。

秋天的涼意透進陽光裡，季節在樹葉上靈巧地轉變著，隨著每一個腳步、每一口呼吸，眼前的色彩組合幾乎都不一樣：有時，金黃與翠綠交織，有時，一片楓紅豔得奪目；儘管長路漫漫，雙腿跋涉，在秋天路跑，很難讓人不感受到活著的幸運與美好。

三個多小時後回到家，第一件事就是查比賽結果：再過三天滿31歲的美國女跑者艾米莉‧希森（Emily Sisson）以2:18:29刷新了37歲的「二寶媽／房屋仲介」綺拉‧狄瑪托今年1月剛以2:19:12創下的美國女子馬拉松新紀錄！

整體上，一開始就不掩挑戰女子世界紀錄野心的肯亞跑者露絲‧切普恩傑蒂（Ruth Chepngetich），一路飛快領先，竭盡全力拚戰，一跨過終點不免雙膝跪地，嘔吐了起來，結果她跑出2:14:18的女超人成績。（2023年10月，衣索比亞出生、荷蘭籍的西凡‧哈桑〔Sifan Hassan〕以2:13:44打斷切普恩傑蒂三度蟬聯的夢，奪下女子冠軍且排名世界第二。目前的女子世界排名第一是衣索比亞的提格斯特‧艾西法〔Tigst Assefa〕於同年9月在柏林馬創下的2:11:53）

江山代有才人，尤其中生代的女跑者們把年紀拋在腦後，越跑越快，怎能不令人振奮。

🗓 2022年10月16日：最長的練跑

　　一早起床，早餐、喝水、準備、上路，近午時，終於跑完20英里（約32.19公里）。

　　難嗎？難。

　　值得嗎？毫無疑問！

　　尤其是跑在這個絕美的季節。尤其是一踏入熟悉的墓園，安靜無人（或許有幽靈）的世界，豔麗繽紛的色彩與滿地落葉，美得令人屏息，無法（或不願）抽離腳步，結果在園裡跑了12英里以上（近20公里），一圈又一圈地數十圈，瘋子般地。

　　所有的高里數都跑完了，回家補水、飽餐一頓，大大感謝身心支撐我又完成了一段全馬的訓練。

📅 2022年11月19日：困難的決定

反覆思量之後，我決定取消參賽明天的「費城馬拉松」。

雖早知11月可能會很冷、是會下雪的月份，當初報名時，一來可能是6月夏天的錯覺誤導，二來以為偏南的費城會比較溫暖，因此一頭栽進訓練裡。

隨著比賽日期越接近，每天反覆地刷新氣象預報，結果發現，比賽當天不但整個賽程氣溫不會超過零下3°C，還將颳起每小時達30英里（約48公里）以上的狂風，體感將降到零下8°C以下。

對於很多在地的跑者，氣溫零下時出門跑步並不罕見，畢竟這裡有動輒長達五個多月的漫長冬季。為了迎接比賽時的天候，我近來持續地在戶外練跑，但最終還是得接受自己不適應低溫下長跑的體質：空氣冰冽稀薄時呼吸困難，心肺運作吃力，快步推動不易，長時間暴露於冰冷之下對身體的耗損；更何況若加上強風，可以想像，就算勉強完賽，成績與整體經驗也難以很理想，這時，就算多拿了一面獎牌又如何？

但同時，心裡也糾結著：一如去

年，整個炎夏和入秋以來，我的生活幾乎大半是為了準備這場比賽而運作，照表操練了20週，跑了400多英里（約640公里），正自覺已準備好時，卻得陣前叫停，難免有點前功盡棄般的失落感。

對於非跑者而言，這或許不過就是錯過一場比賽，沒什麼大不了的；甚且，不必去受42英里的折磨，不是應該感到鬆一口氣嗎？然而，即將完成所有課表的我，卻嚴重地質疑自己：我是不是應該更堅強，是否該放手一博、不顧一切地上場？但，我又想，就因為訓練這麼久了，貿然去跑一場經驗會很糟的比賽是不是更不智？

如此反反覆覆地考量，最後，我還是決定取消。

只是，做下這個決定並沒有讓我太開心，相反地，我陷入連日的低潮中。比賽那天，手賤的我忍不住去刷手機，看著嚴冬裡完成「費城馬」的跑者們分享：「這該是最冷的一場全馬了吧？」「起跑線前我的腳趾都凍麻了。」「22英里（約35.41公里）處的強風和坡度讓我精疲力盡，全身都疼，最後一英里，裹緊冬衣的群眾熱情地為大家加油，我讓他們的支持帶著我衝過終點。」……頓時，覺得錯過什麼特別經驗的我，流下了淚。

因為放棄一個長久準備的機會，而產生各種沮喪感是人生難免會經歷的心路。很多跑者都曾因受傷或突發事件，而不得不放棄訓練已久的賽事。他們會告訴你，即使是往後退一兩步，還是要為做了適合自己的決定而感到欣慰。容許自己的心情轉折，我也自我提醒：練習永遠不會浪費，但身體只有一副，一定要把健康放在首位。況且，比賽雖重要，但若我喜歡的是跑步本身，就必須「聰明地跑，才能跑得遠（run smart so that you can run far）」

做這個決定的當下雖覺得不容易，但也加深了我不論如何還是要去跑下一場全馬的決心。

重整心情和計劃後，我做了兩件事：

第一，花了一些時間搜尋未來幾個月的全馬賽程。

北方的全馬賽事已進入冬眠，我希望能在溫暖的南部找到適合的下一場全馬賽。最後，我決定報名隔年2月將於佛州聖彼得堡舉辦的全馬賽。數年前，我曾一度報名此賽程，但因準備不足而臨時改成參加半馬賽。

報名這場全馬也意味著，原本計劃11月跑完費城馬而新英格蘭也進入冰冷的長冬，便可趁機休息，如今，我必須把訓練表延長下去。

第二，平衡生活中的其他責任與興趣。

放棄費城馬而來的低落心情也提醒我該檢視自己，是否太過投入於跑馬，而忘了生活中其他重要的事，比如，是否影響了我跟家人相處的時間與品質？是否剝奪了從事其他興趣的時間和體力？

當我們時時刻刻、全力全力地投注於訓練表裡，癡迷於各種跑法、跑姿與身體結構的新知，有時難免失去看到自己的現況、甚至周遭一切的客觀視野。波馬冠軍與《跑者的世界》（*Runner's World*）雜誌總編輯安比·伯傅（Amby Burfoot）在《永遠跑下去》書中提醒跑者：「『為何而跑』比乳酸閾值更重要。我總是告訴初學者：首先訓練你的大腦，遠比你的心臟或雙腿更重要。清楚你跑步的動機是讓你持續跑和跑長久的動力。」

運動的各種好處是透過長期的持續與累積而產生的，錯過一兩次或一兩週的練跑不會影響整體成果，錯過這一場比賽還會有下一場，我必須以健康而長遠的心態來看待跑步——它是我生活裡極重要的「一部分」，但不該變成讓人過度執迷或患得患失的「全部」。

　　因此，更用心花時間與家人相處與工作之外，我決定回到規律地練琴。

　　習琴數十年，只要狀況允許，我固定會參加鋼琴老師的年度學生成果發表會。受疫情所阻而暫停了三年後，發表會終將恢復舉辦。這次我選了多年前彈過的布拉姆斯A大調間奏曲第118-2號為曲目，求精不求快，老師和我一致決定，「更深入探析他的曲意」，重新好好地研習布拉姆斯。

　　恢復規律地練琴讓我有機會把注意力從放棄費城馬的失落感轉移，讓數月來以訓練為重心的作息、不時關注著馬拉松菁英的社媒動態與浸淫於各種與跑馬有關的知識的「偏食」生活型態，獲得了調劑與平衡。

　　兩個月後，鋼琴發表會在離家約45分鐘車程、一家具規模的樂器行附設的演奏廳舉行。那天是一個創下新英格蘭紀錄的零下數10℃冷天。現場，老師貼心地幫大家準備了暖手包。試彈暖手指時，驚喜地發現，店家提供的貝森朵夫琴觸感靈敏、音質美極了。

　　輪到我了，一如以往，我走上台，坐在琴前，調整了板凳的距離後，十指端放琴鍵上，深呼吸，按下第一個和弦，在照明燈光透出的熱氣與觀眾的目光下，展開全曲，中間雖因錯了幾個音而稍失方寸，還好很快銜接下去，順利地彈完。

　　會後，許多很久不見的老鄰居熱絡敘舊，疫情打斷數年之後，終於又能跟他們和他們極具才華的孩子聚在一起分享音樂，小同門們個個長得更高更俊更美，琴藝也更精進了，我依然是年紀最大、習琴最久的學生，活到老學到老，何其幸福。

08 CHAPTER | 最後39秒的衝刺 ——人生第二馬

　　元月底，我們一家再度回到佛羅里達，難以相信，轉眼兩年多過去了。上次在佛州，疫情剛開始在美國蔓延，驚愕中離開時，唯一的心願是安渡過這場災難。而今，全球喪失數百萬性命之後，人類仍學習著與各種已知和未知的病毒共存。回首過去這兩、三年，夢魘猶新。

📅 2023年2月11日：比賽前夕

　　訓練了前所未有、漫長的七個月之後，我終於要去跑人生第二場全馬——波馬認證的「聖彼得長距經典賽」（St Petersburg Distance Classic）。

　　只是，抵達佛州後，天氣預報一天比一天更不看好。這個平時總是陽光藍天完美天氣的港灣，比賽日竟出現強風預報。我的挫折與焦慮感可想而知，這一場迫切想破5的希望也開始消減，只能安慰自己，比賽難免各種難以預期的狀況，既然已經訓練這麼久了，再沒有打退堂鼓的理由，盡力去跑就是了。

　　週六的港灣，如常地陽光燦爛。我沿著海岸散步，經過露天泳池旁的兒童遊樂場時，發現主辦單位已經開始在草地上佈置起跑

點，工作人員從卡車上卸下一整排的流動廁所，並陸續地把它們豎立在泳池的牆外。

我繼續向港灣中心走去，美術館旁，週末的藝品展和農夫市場人潮熙攘，閒逛了一會兒後，以美金5元買了一大束的向日葵，回程的路上，正好去排隊領號碼布。

回到公寓後，我如常地開始複習配速與補給計劃。

基於已有之前的經驗，這一場我把目標設定為5小時。

不論是只要完賽或破4，幾乎每個跑者賽前都會設一個自己期望的成績。

有趣地，隨著馬拉松賽事全球盛行，完賽時間也逐漸放寬，這時，究竟「以什麼樣的時間完賽才算是跑馬拉松？」爭議紛紛。《紐約時報》曾有一篇很直白的討論：「蹣跚者有其存在價值，但他們適合存在於馬拉松競賽中嗎？」許多專業的跑者或教練也大喊受不了：「每隔1英里（約1.61公里）就改用走的，以6、7甚至8小時完賽，根本是一則笑話。」然而，慢速的參賽者卻有他們的理由：慢總比不動好，只要能完成26.2英里（42.2公里）就是一項傲人的成就，況且，蓬勃的馬拉松商機不就得歸功於為數龐大的慢速跑者嗎？

有一些賽事，像是夏威夷馬拉松（Honolulu Marathon）無時間限制，有些賽者甚至中途跑去吃個午餐再回來繼續跑；另外，有些國際賽事如柏林馬限6小時15分，並設了33公里（下午3:50）和38公里（下午4:35）兩個關門點，沒有準時抵達的賽者必須離開官方的賽道。於美國首都華盛頓特區舉行的海軍陸戰隊馬拉松，參賽者必需維持每英里14分（8'18"／公里）以上的均速，否則可能會在20英里（約32.19公里）處被大會的巴士撿走，之後，參賽者

可以繼續跑完，但賽場不再提供交通管制的協助，也無法獲得正式的完賽證明。

彼得‧薩加在《不完整的跑步書》中對於什麼是「可接受的全馬完賽時間？」如此表示：「可以被接受的時間該由誰決定？那些取笑你的跑步潔癖者或許有3小時的全馬速度，然而，他們是否就該被那些以2個小時完賽的菁英取笑呢？那些人應該站在終點線，看看完賽者，他們其中有的人是為了公益團體而跑，有人是為了從憂鬱症、喪親或情傷底谷重振而跑，他們的眼淚、擁抱、笑容，結合了驕傲、成就、痛苦與歡樂……很多人跟我一樣，從沒想過能完成一場全馬，但他們做到了，他們不只比上次快一點點，他們完成了一件不可能的事，他們跟誰都一樣具有站在那個賽場的資格，」他繼續：「在我們的人生中，很多成就是因為團隊的合作、個人運氣、才能或其他因素，唯有馬拉松，你必須有一個很確定的目標，要達成這個目標完全得靠你的訓練和決心，沒有人能夠幫你，光是知道這是你獨自完成的，那成就更傲人了，那是一場勝利。」

是的，如果你認真地看待全馬賽，努力地訓練了，不管速度如何，你就是一位全馬跑者。

如果你需要一點數據做參考，根據RunRepeat網站的調查，全球馬拉松平均速度是：4:29:53，其中，男性：4:21:03，女性：4:48:45。根據跑齡、目前的體能、訓練表、營養計畫與年紀，全馬的平均完賽時間如下：

全馬平均時間：男性

年齡	新生	初級生	中等生	高級生	菁英
20-30	4:57:01	4:10:05	3:34:56	3:08:42	2:49:13
31-40	5:00:40	4:13:09	3:37:34	3:11:02	2:51:18
41-50	5:19:25	4:28:57	3:51:08	3:22:56	3:01:59
51-60	5:48:34	4:53:30	4:12:14	3:41:28	3:18:35
61-70	6:23:39	5:23:02	4:37:37	4:03:45	3:38:34
71-80	7:16:35	6:07:36	5:15:55	4:37:22	4:08:44
81-90	9:24:56	7:55:41	6:48:48	5:58:55	5:21:52

全馬平均時間：女性

年齡	新生	初級生	中等生	高級生	菁英
20-30	5:33:08	4:45:32	4:08:41	3:40:30	3:19:09
31-40	5:35:34	4:47:36	4:10:30	3:42:06	3:20:36
41-50	5:56:21	5:05:25	4:26:01	3:55:52	3:33:02
51-60	6:40:47	5:43:30	4:59:10	4:25:15	3:59:35
61-70	7:42:41	6:36:34	5:45:23	5:06:13	4:36:35
71-80	9:12:46	7:53:46	6:52:37	6:05:52	5:30:26
81-90	12:53:46	11:03:09	9:37:35	8:32:08	7:42:33

新生（beginner）：比百分之五的跑者快，至少連續跑了一個月的人。

初級生（Novice）：比20%的跑者快，已規律地跑了六個月以上的人。

中等生（intermediate）：此指比50%的跑者快，規律地跑了兩年以上的人。

高級生（advanced）：此指比80%的跑者快，至少有五年以上跑齡的人。

菁英跑者（elite）：此指比95%的跑者快，只少有5年以上競賽經驗的跑者。

回到我的目標，若我希望破5，均速必須保持在11'27"／英里（約7'06"／公里），這個速度對多數的跑者並不難，難的是在42公里長途中維持這個均速。

配速的策略上，我有三種選擇：

負分段（negative splits）：開始時跑慢一點，為後頭省點力，然後越跑越快，這是跑者偏好的策略。剛以2:11:53震驚跑壇，在今年柏林馬打破女子世界紀錄的衣索比亞選手提格斯特・艾西法（Tigist Assefa），她的1:06:20（前半馬）與1:05:33（後半馬）是負分段的最佳證明。

均分段（Even-splits）：在比賽中保持均勻的速度，精英跑者和年齡較大的跑者較常採用，主要是因為他們有足夠的經驗和訓練。最著名的例子當屬，2018年波馬跑出第一位美國女子冠軍的德斯・林登（Des Linden），那場比賽她從頭到尾幾乎不變的配速（前半馬：1:12:45，後半馬：1:12:54）。另外，肯亞的布麗姬・科斯蓋（Brigid Kosgei）2019年在芝加哥馬以2:14:04封后，打破高懸16年、由寶拉・拉德克利夫（Paula Radcliffe）於2003年倫敦馬以2:15:25創下的女子馬拉松世界紀錄，科斯蓋的第一段和第二段半馬分別：66分59秒和67分05秒，都堪稱均勻配速的終極表現與體能掌握。

正分段（positive-splits）：必賽的後半段比前半段慢。雖然這個策略很有可能因為越跑越慢，而導致無法達成既定的目標，但對

於許多無法越跑越快、以完賽為目的的新手，若「謹慎」地執行，即初期不要衝太快導致後半段體力完全潰散，這個策略還是有可能幫跑者順利完賽。

多年的經驗下，尤其碰到長距離時，自知起跑後總是跑得比較快，最後則越跑越慢，因此我傾向此「有計畫地正分段」、先快後慢的策略。

參考網站上的「破5配速法」後，我定出下列的策略（當然，最後的結果還是決定於賽時的真實狀況）：

1-13.1英里（前半馬）：以11分／英里（約6'50"／公里）均速，在2小時24分鐘內跑完。這個速度比我平常的半馬賽要慢，應該沒問題，唯必須提醒自己，比賽才剛開始，腿力與心情都很清新，但一定不要急，若因為太興奮而跑出個半馬新紀錄，保證後面會非常慘，非常不智。

13.1至20英里（約21至32公里）：這時全馬賽才算正式開始，千萬別相信那些說全馬「只是兩個半馬」的人，跑過的人都知道，後面這一半比前面要難上兩倍以上。這時，我把均速減至11'20"／英里（約7'05"／公里），以約3小時42分完成20英里（32.19公里）。

20至26.2英里（32.19至42.2公里）：公認最艱難的一段，舉凡撞牆、受傷、棄賽等狀況通常在這段期間發生。我希望這一段每英里能以12'34"分鐘均速（約7'50"／公里）跑，並盡量維持在12分（約7'28"）。最後這幾英里的抵達目標時間如下：

Mile 21-3:54

Mile 22-4:06

Mile 23-4:18

Mile 24-4:30

Mile 25-4:42

Mile 26-4:54

Finish-4:56（尚有4分鐘的彈性）

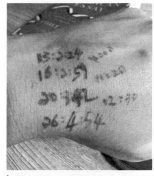

賽前我把幾個關鍵的達標時間寫在手背上以提醒自己，可惜後來全被汗水洗糊了。

📅 2023年2月16日：42公里上的點點滴滴

賽後第四天。

一早，我和先生騎車到港灣一座私人小機場旁的露天餐廳用早餐，俯瞰飛機起落。先生去上班後，我決定沿著前幾天前的賽道「皮尼拉斯步道」（Pinellas Trail）騎去，沿途，我在標著里數的每一處稍停：21，22，23，24……再次走過朝向全馬終點的每一英里時，我心裡突然頗為激動：難以相信，不過4天前，我才一步一步地，以雙腳穿越這個港灣、這條長步道，跑了整整的42.2公里。

重新回到這個賽場，再度走上這條步道，天空一如四天前地蔚藍，陽光一樣地燦麗，我的身心也逐漸地從那場奮鬥中恢復，我知道，很快地，這一場全馬賽將被我放入記憶的盒子裡，一如生命中許多曾經被我視為極特別的經驗——拿到一個學位、出版一本新書、完成一場賽事或一場鋼琴發表會……。

　　幾乎每次，達成一個準備許久的目標後，我很快便會放掉它；然後，迫不及待地開始構想著接下來要做些什麼。一次又一次地訂立與執行計畫，讓人有一份「活著」的興奮與踏實，在完成的事項上打上勾勾，給我一份安全感與暫時的滿足──知道自己總是在進行著些什麼。

　　當然，事件剛完成時，我清楚地記得它的過程和結果，也會在日記、部落格或社媒上留下一點記錄；然而，整體而言，我彷彿一部行駛中的火車不斷地前進，很快地，便不再去流連於那些經驗，而是放手，讓它們沉入時光大海裡。

　　踩著如此急促的人生腳步，我是否錯失了些什麼？被下一個腳步迅速掩蓋之前，我是否應該在這一步稍微停留，給予每一段人生經驗多一點關注？

　　比如，眼前這場即將消逝的全馬過程中，是否就有一些我想重溫的點滴、想記取的經驗？

　　比如，我記得這樣的細節：賽前準備了26顆軟糖熊，打算每跑完一英里就吃一顆，作為自我獎勵，誰知後來實在跑得太累了，總共只吃了9顆，剩下的因為汗透，最後全都黏在一起。

　　我也記得，比賽前夕，強風從夜裡開始狂颶，窗外，海岸上的棕櫚樹一枝枝猛烈地搖頭擺尾，黯淡燈光裡，如鬼魅舞影。

　　隔天，清晨4點起床。出門時，天還未亮。海岸旁的起跑線前，路燈照耀下，數千名跑者擁擠在狹長的等候區內，熱烈的氣氛擋住了從海上陣陣襲來的冷風。

　　6點半，槍聲響，這場港灣的全馬／半馬／10K／5K賽，正式開跑。

　　沿著海岸，右手邊，日出逐漸地在海上升起，豔光奪目。颶風

高達時速35英里（約56公尺）以上，強風讓身上的汗濕了又乾，乾了又濕，我提醒自己不要錯過每個補水站，以防脫水。

朝陽下，我們繞著港灣和交通管制的市中心跑了10英里（約16.09公里），之後，全馬和半馬賽者正式分開——半馬賽者朝終點而去，全馬賽者則朝向穿越城市邊緣的「皮尼拉斯」長步道而跑。這時，眼看半馬者只剩最後約5K，而全馬的比賽才算真正開始，我記得如此自我激勵：「妳好棒啊，妳在跑全馬呢……」、「這樣想，只要跑個6英里半（約10.8公里），就可以折回了，10K，妳可以的！」

由於這場比賽以5K和半馬賽者居多，豔陽無遮的長步道上，全馬的人影稀疏，打氣的民眾也少見，完全是一段寂寞奮鬥的旅程。慢慢地，賽者紛紛折回，與他們擦身而過時，大家交換一個笑容，或舉起大拇指互相鼓勵。

我記得，一英里一英里地，我們終於來回跑完共13英里（約20.92公里）的步道，第23英里之後，再度回到市區，我開始感到疲累而煎熬。

24英里（約38.62公里）處，我的右小腿肚束緊了起來，經驗告訴我，可能要抽筋了，若真的抽筋，表示我會開始掉速，甚至改用走的，也表示，前面所有的努力將大受犧牲，破5的希望將破滅，歐，不！！

我不得不慢下來，稍微拉拉腿筋後，再繼續跑，幸好，小腿乖乖地聽話。

經驗的跑馬者常會建議你：「第一個10英里（約16公里）：用腦袋跑，第二個10英里：用雙腳跑，最後6英里（約10公里）：用心跑。」為了轉移身心的注意力，我決定用心去賦予接下來的路

程一些特別的意義，把它獻給生命中某個特別的人事與地。

獻給佛州聖彼得堡這個美麗的港灣。

獻給能沿著這個陽光燦爛的海灣跑步、散步與生活的福氣。

到了最艱難的最後2英里（約3.2公里），我貼近心底最深處，把它們獻給我生命中最特別的人——獻給海奕：我回想著一起參加的許多比賽，感謝他帶給我這麼多的愉悅與驕傲，一想到對孩子深厚無比的愛，一股無比的力量不由從心中升起。。

獻給先生：感謝他提供我的一切、他在我身邊、在我的生命裡。此刻，這個男人正等著我提起如鉛重的每一步，朝向等在終點的他跑去。

心有靈犀般地，突然，在約25英里（約40.23公里）處，先生乍現眼前、正喚著我的名字。我的驚喜無法言喻。接下來，他慢騎在海岸的人行步道上，陪著賽道上蹣跚的我，朝終點而去。

約25.5英里（40.8公里）時，先生說：「距離5小時還有10分鐘，若妳再加油一點，一定可以破5的。」他知道我有多麼想達到那個目標。「好，我試試。」我說，加快（一點點）已經很累很痛的雙腳。

沿著海岸公園，跑過港灣盛名的一列旅館，最後一次右轉後，遠遠地，我可以看到終點線旁的計時器顯示：4小時59分×秒，這幾秒無疑是決定的關鍵，我咬牙、使盡所有的力氣，猛擺雙臂、快步地朝終點奔去。這時，耳裡只聽到一旁的民眾不停地鼓掌，賽事主持人也透過麥克風呼喊我的名字："Here comes Chiuying Lu!"（現在跑來的是盧秋瑩！）

　　我跑，我衝，再快一點，再快一點，只剩十步、九步、八步⋯⋯超越了前方清晨提前起步的一位黑人女跑者，再二步、一步，我跨過了終線！！

　　這時，把單車丟在一邊的先生，如風似地奔向我，緊抱著彼此，夫妻倆都哭了。

　　先生隨即把我跨過終點的照片傳給在學校的海奕，視訊螢幕的另一端，「媽媽，我就知道妳可以，我非常以妳為傲！」兒子的語氣充滿喜悅。我哽咽地：「謝謝你，寶貝。」當下真希望能緊緊地擁抱他。

　　那一刻心裡除了感謝還是感謝：感謝老天，感謝主辦單位，感謝義工，感謝維持交通的警察，感謝為我加油的每位民眾與過路人，感謝先生，感謝跑步，感謝身體，感謝意志力⋯⋯。

　　4小時59分21秒，以39秒之微差，我破了5小時，以比初馬快了將近14分鐘的成績，完成人生第二場全馬賽！

📖 第二場全馬的調整與改進

　　每一場比賽都有其獨具的挑戰性與值得學習的經驗，尤其是全馬這樣一個困難的過程，不管最終是以5個半或3個半小時跑完，對於追求該目標的跑者，它同樣地具挑戰性，也同樣地獨具意義。

　　我相信，接下來若去跑第三或第五場全馬，每一段訓練依然會是漫長而辛苦，42公里依然會是一個巨獸，要分毫不差地完成每一份課表，或每一場都是個人最佳成績，是不可能的事。人生有變數，生活有意外，我提醒自己不要成為全馬訓練的奴隸，或因一場不盡理想的比賽而傷心或氣餒。

　　我能做的就是，認真地檢視過前一場，盡力地準備下一場。

重讀我的訓練筆記時，我看到第二場全馬讓我有機會做了以下的調整：

● 更從容地面對訓練表

不論目標如何，全馬永遠看起來像一場超級的任務，不同的是，有了之前的經驗後，你會少了很多恐懼，心情會變得比較穩定。

不論訓練期還有多長，我持續地提醒自己，每次出門，只放在一個小的目標：好好地跑完這一次。有時，上路後，我怎麼也跑不起來——雙腿痠重、心肺僵滯，不管我如何努力，就是無法進入跑步的狀態裡。這時，與其把它們看成是無用的「垃圾里數」，不如告訴自己：「有跑總比沒跑好，況且明天或許就會不同。」在經驗累積之下，一次不順的練跑不再輕易地打擊我持續上路的信心。

● 更聰明地補給

剛開始練長跑時，我對補給不夠看重和敏感，甚至誤以為自己可以撐著，故減少或不補給。結果幾次因為嚴重缺水和熱量，導致身體虛脫、暈眩、體力久久無法恢復，讓我學到教訓，因此這一次，除了更注意飲食（尤其是跑前的碳水化合物與跑後的蛋白質）與水分攝取，長跑時，我總提醒自己：寧願多補充水和電解質，多吞一包能量膠，也不要等到事後吃苦，後悔莫及。

● 更注意休息與恢復

不同於上次以一份20週的訓練表為依據，這一次，我選了一份針對「破5」而設計的16週的訓練表，但是，時間上依然規劃出20週，因為有了多餘的四個禮拜，當訓練表上每週的總跑量以10%至15%的比率不斷增加時，每隔三或四週，我可以重複一週而不持續增量，給身體一個緩衝的機會。

此外，不像年輕人爆發力十足，一起跑，馬上可以以5K的均速快衝，隨著年紀，血液供氧的速度減慢，我知道身體需要更久的時間才能進入狀態，而訓練完，中年的我也需要更長的修護時間。身體透過休息進行細胞組織的修補、減輕肌肉發炎，充分的睡眠是幫助跑者修復的最大功臣，因此，這次我更看重休息與睡眠。

敏感地觀察身心的轉變，給與需要的時間去調適：「傾聽身體的聲音」是我謹記在心的黃金定律。

● 自始至終無懈怠

訓練初馬時，因為擔心長跑時間若超過三個半小時，身體需要花更長的時間修護，因此我的最長距離只跑到18英里（約28.97公里）；有了經驗之後，這一次我把距離確實地推到20英里（約32.19公里）。練跑之外，這次我也多參加了幾場5K、10K和半馬賽，以維持體能和參賽狀態。

另外，初馬時因為缺乏經驗，深怕跑不完，因此一到減少里數的最後期，就把密度與里數驟減，結果，比賽當天，起跑時身體不但沒有感覺到足夠的休息，反而有一種怠重感，好似產生一種冬眠的錯覺：「不是說不跑，要長期休息了嗎？」

別忘了，「肌肉是有記憶力的」。

因此這回，我讓身心「持續服務」，全馬賽前4週，並加了一場破PR的半馬賽，接下來數週則循序減量，如此，到了比賽前夕，身心仍處於備戰狀態。

● 更均勻的配速

當我比較兩場比賽，顯然地，初馬一開始興奮地跑，前面10英里（約16.01公里）都跑在11分／英里（約6'50"／公里）之內，其中有5英里（約8.05公里）還跑在10分42秒（6'39"／公里）之

內，結果當然越跑越慢，慢到20英里（約32.19公里）之後，掉速到12分至14分／英里（7'28"至8'42"／公里），嚴重地拖垮了前面的成績。

相較之下，第二場時，我前面20英里（約32.19公里）都維持在11'15"／英里（約6'59"／公里）之內，甚至最困難的最後6英里（約9.66公里）也都保持在12'15"（7'37"／公里）以內，平均的配速不但幫我達標，也讓整體賽程的感覺順暢多了。

● 想放棄時，探訪初心

訓練期間可能遭遇的各種情緒：興奮、挫折、疲累、自我懷疑……，都是正常的反應。不斷地自我激勵之外，找到重新上路的信心與勇氣之外，當重度受挫、極想放棄時，我試著提醒自己，當初決定跑馬的動機：不是為了任何人，而是為了完成一段屬於自己的人生經驗。如同波馬冠軍、奧運長跑名將梅伯・科菲斯基（Meb Keflezighi）所說的：「大多數的我們在生活中有很多地方必須迎合別人的期望，讓跑步成為屬於你個人的希望與夢想。」

09

CHAPTER

盛大、慘烈而榮耀
——海軍陸戰隊馬拉松

　　2018年我曾抽中「海軍陸戰隊馬拉松」（Marine Corps Marathon，簡稱MCM）的參賽權，但因訓練時受傷而放棄，之後，我心裡一直對這場比賽念念不忘，因此，6月時比賽一開放報名，我立刻決定把第三馬獻給它。

　　MCM每年10月底於美國首都華盛頓特區舉辦，是世界第九大、美前五大馬拉松，以海軍陸戰隊主辦完備有序、賽道經過阿靈頓公墓、林肯紀念堂與國會大廈等名勝，以及民眾熱情支持等特色，每年吸引本土及全球數萬名賽者，這也是唯一不設任何獎金的大型比賽，故有「人民的馬拉松」之稱。

　　報名之後，我一如往常地，展開了20週的訓練期。

　　夏天練跑本不易，這一年波士頓下了比往年更多的雨，悶熱的程度較兩年前訓練初馬時有過之而無不及。然而，規律地跑步、交叉訓練、獨自或偕海奕參加較短的賽程佔據的作息之下，日子過得健康而專一，轉眼之間，比賽日已臻至眼前。

　　除了規模最大、賽道最挑戰，MCM也將是我旅行最遠去參賽的一場馬拉松（因為在當地有一個小公寓，因此佛州的聖彼得堡比賽不算）。為了縮短行程和避開博覽會（據說頗豐盛）的人潮，報名時我加選了郵寄選項，賽前就收到主辦單位寄來的號碼布、綠色

長袖跑衣和寄物袋。

　　賽事於週日舉辦，比賽前一天下午，在先生的陪同下，我從波士頓飛往華盛頓。住宿上，事先參考過主辦單位網站上的建議，我們下榻於雷根機場附近、離起跑點五角大廈市不遠的「水晶城」（Christal City）。當晚，旅館提供了自助餐式的義大利麵晚餐，供跑者們做醣原填充（Carb-loading）。晚餐後雖早早就寢，但一如許多賽前，我輾轉反側幾乎無眠。

📅 2023年10月29日：人生第三馬

　　清晨4點整，手機準時響起海軍陸戰隊的"Morning Call"：「Rise and Shine runners! It's race day.（起床了跑者們！今天是比賽日）」

　　走出旅館時，我遇到兩位中年女跑者，三人一邊聊著各自的跑馬經驗，一邊走向幾條街外的巴士接駁處。到達時，幾部軍方大巴士已亮著車燈待命。上車後，車子很快地朝阿靈頓國家公墓旁的「Runners Village」（跑者村）駛去。下車時，5點多的清晨，四周一片暗矇，唯有遠方的華盛頓紀念碑明亮地高聳著。

　　跑者村前的安檢處，負責的海軍陸戰隊員們快速而有效率地檢查過每個跑者的隨身物品。跑者村看似一個巨大的停車場，兩旁設立了上百個流動廁所。時間還早，大家就地而坐，或伸展或放鬆。

　　6點半左右，我走向前方一排UPS棕色卡車，依照號碼找到卡車寄了物後，隨著人潮走向不遠處的起跑點，循著標示著完賽速度的大柱子找到起跑的位置。這時我也注意到，從一下接駁巴士、跑者村內到起跑點旁，處處可見流動廁所，排隊的隊伍也不算長，非

常方便。

很快地，開幕儀式開始了。根據主辦者的宣布，這場第48屆的參賽者近3萬人，分別來自美國各州及全球近60個國家。參賽者中有不少現役和退伍軍人，有些人扛著美國國旗，有些人背上貼著已逝的軍人家屬照片，為了紀念他們而跑。

7點15分，50K超馬跑者提前上路。7點55分，全馬開跑前，兩架海軍直升機從遠方飛來，凌空而過人潮遍佈的起跑區時，現場歡聲雷動，正式揭開了比賽的序幕。

從五角大廈和阿靈頓國家公墓之間的起跑點出發後，我們朝阿靈頓市區而去。事先研讀過賽道，我知道第1到3英里（約最前面5K）起伏不斷，這時得按耐住剛起跑腿力清新和腎上腺素高漲的興奮，放慢速度。

沿途，街道兩旁、商店、餐廳和旅館前，樂團表演鼓舞，民眾聚集，搖著鐘鈴、鼓掌、歡呼，為跑者加油。

4英里（約6.44公里）處，我們跨過波托馬克河（Potomac River），陰霾的天空下，河畔上喬治城大學的教堂高塔遠遠可見。過河後，我們朝喬治城（Georgetown）跑去，約8英里後折回，河畔，樹葉正轉成橘黃紅，滿地落葉，秋色宜人。

這無疑是我見過民眾參與度最高的一場馬拉松，沿途不論是橋上或馬路旁，有人舉著超大的頭照牌子以吸引跑者親友的注意，有人攤開寫著各式鼓勵的紙牌，上面的字句別出心裁，比如：

You run better than government（你比政府更會跑／營運）

Sweat is sexy（汗水是性感的）

Run now wine later（現在跑，之後再來喝酒／抱怨；wine與whine同音，後者的意思是抱怨）

　　有些小孩手持畫著心型或南瓜的圖案，上面寫著：「拍這裡可以獲得超能力」。

　　會心一笑的同時，也讓人不得不佩服這些加油民眾的創意。

　　由於整場賽場規劃緊密且沿途都是景點，觀賽親友可以事先參考賽道，搭乘地鐵到不同的據點為跑者加油。一旦發現路旁的親友，賽者們便揮著手、尖叫、脫隊跑過去，互相親吻或擁抱後，參賽的人繼續往前跑。

　　天氣很悶熱，雨要下但始終落不下來。起跑時DC溫度比平常此時的均溫高了約8°C，且顯然持續上升中。雖然速度一直保持在

計畫之內，但我可以感覺到雙腿比平常更僵滯。一路上，大家盡量不錯過任何補給站，除了水和運動飲料，沿途還供有蘋果泥、軟糖和能量膠等能快速補充體力的食品，但由於參賽人數眾多，跑者擁擠地停在補給站前，為了快速服務需要續杯的跑者，年輕的海軍陸戰隊員手提著一加侖裝的礦泉水，不斷地為大家補水，淌水與空紙杯灑了滿地。

從喬治城區折回河畔，第12英里（約19.31公里）時我們進入賽道兩旁豎著一整排為國捐軀的美軍人照片的「藍色英里」（Blue Mile），頓時之間，跑者們完全靜默了。一邊跑，我一邊略讀過官兵們的姓名與年紀，其中有不少19、20歲的青春臉龐。一位年輕的女軍人懷抱著一個瘦小的嬰兒，她逝世時只有23歲。有的軍人看起來很嚴肅，有的笑容燦爛，有的則是被妻兒子女圍繞的全家福。濕著眼眶感動地跑過時，很難不令人感嘆人類的愚蠢、戰爭的無情，這些軍人得以被紀念，然而世上另有多少無辜犧牲的性命，沒有人知道他們的名字，無人記憶他們。

起跑以來，我一路尋找著先生的蹤影，到了16英里（約25.75公里）處，幾乎快放棄時，他突然從路旁觀賽人群中跳出，輕拍我的肩說：「我去安全島的另一邊等，妳掉頭回來時我會再看到妳！」

從林肯紀念堂前折返後，我密切地搜尋著那個最熟悉的臉孔，終於，在夾處著兩名穿萬聖節裝飾的觀賽人群中看到他。高舉起雙手，我笑著朝他跑去，擦身而過時快速地與他擊掌，瞬間打了一劑強心針。

然而不久，我開始看到越來越多的跑者停在路旁拉筋，或改用走的。標著十字號的小救護車陸續地出現，天空中，一輛救護直升

機嗡嗡急飛而過，我心裡不免擔心了起來。

　　除了要求至少維持14分／英里（約8分42秒／公里）的均速，這場比賽還設有3個關門點：17英里、20和22英里（約27.36、32.19和35.41公里），其中尤以賽者必須「戰勝大橋」（beat the bridge）的20英里處的水泥橋，最令一般跑者緊張。

　　從國會大廈前折回，過了19英里（約30.58公里），我比關門時間早了一個多小時抵達橋前，心想應該安全無慮了，誰知，高興得太早，眼前這座水泥爬坡長橋，日照無遮、無觀眾也無補給，對跑者的體力和意志皆是一大挑戰。唯一的供水處是一排自助水桶，沒有背水袋的人只能用手掌勺接一點水喝，然後把水潑在脖子和臉上以降低體溫。眼見橋上越來越多的人改用走的，我驚覺到自己也嚴重地掉速了。

　　彷彿過了一輩子，越過橋，掙扎著踏進22英里（約35.41公里）的「玻璃城」區，這時，街道兩旁熱切加油的民眾再也無法激勵我，疲累不堪之外，我的右小腿突然抽筋。暫停、按摩和拉筋之後，我試著繼續，但腳一踏地即僵痛得難以站立，只好拐步向前。其他賽者一一或跑或走地經過身旁，其中一位中年女跑者經過時對

我說：「You got this!（妳可以的）」我重新提步，誰知，同一個部位再度抽起筋，這次甚至連右腳趾也全僵鎖了起來。心裡的無助與挫敗感無法言喻，跑齡十多年、數十場大小比賽以來，素來自律且自豪從不停也不走的我，沒想到竟在這一場崩潰至此。

　　躁動的肌肉神經稍微安定後，我繼續提步，此時，達標的希望已破碎滿地，大勢已去後，人反倒放鬆了，確定身體其他部位包括心肺與呼吸無礙後，我以極慢速但再也不停地前進，終於來到26英里（約41.84公里），心裡也開始準備迎接，賽前多次讀到、最後約200公尺的陡坡。當身心疲累到極點、雙腿已如麵條時，這坡確實是殘忍的，但老實說，你已經不會太去在意，因為終點已在望。揮臂、死撐，我讓觀眾席上擠滿的民眾的加油聲，帶著我跨越

那條苦苦追求的終點線。

　　終點外，年輕的男女海軍陸戰隊員們為完賽者一一掛上獎牌，且來者不拒、敞開笑容地與大家合照。一旁一位老跑者說，這個獎牌每年設計皆不同，今年，傳統代表鷹（捍衛）、地球和錨（海軍陸戰隊）裝飾的獎牌一打開，裡面還藏著一條刻著賽事名稱的軍牌項鍊，極為別緻。

　　領了水、香蕉和補給盒後，我隨人群走向出口，進入由數條街規劃而成的廣大慶祝區。街道上各式補給與贊助攤位林立，由年輕的男女海軍陸戰隊員組成的樂團在舞台上熱情演出，氣氛熱烈。跑者、其親友以及觀賽的民眾擠滿了街頭。互相恭喜之外，有的賽者攤坐在人行道旁，有的跟軍人索取了冰塊後開始冰敷，救護的小卡車不時穿越過人群。

　　回旅館的接駁車上，一想到數月的密集訓練和準備，結果卻如此慘烈，濃重的失望與失落感再度襲上心頭。這時，剛跟他講完電話的兒子傳來簡訊：「媽媽，我忘了跟妳說，我很以妳為傲。」一讀至此，淚水就再也不聽話地淌流而下了。

　　很快地，我收到一則賽事快訊：因為氣候的因素，顧及賽者們的健康與安全，主辦單位提早關閉了第一和第三閘門，未能即時趕上的賽者都被引導到通往終點的捷徑，整場比賽極罕見地提前結束。

　　消息一傳出，社媒留言裡各種聲音如洪浪捲襲。有人尖酸地說，他跑過更熱的天氣，也沒碰過提前關賽；有些人則抱怨，他們辛苦訓練了數月、也已跑了數小時，應該被給予自我決定要不要跑完的權利，即使最終也獲得獎牌，但「我是來跑26.2英里（42.2公里）的！」。然而，絕大多數參賽者的反應是，天氣實在太熱，眼看沿途救護帳篷人滿為患，異常多數的人中暑虛脫、不支倒下，「跑馬原本就有風險，而人命最重要，海軍陸戰隊做了極正確的決定。」

　　其他賽事結果陸續地傳來：不少跑友們分享了這一場以比平時慢20甚至45分鐘完賽的消息；當然也有各種完全不受天候影響的佳績，比如，50K的冠軍以2小時55分57秒刷新了MCM的50K紀

錄。旅館吧台前，一位30幾歲、高瘦的陸戰隊軍官，因為膝蓋出狀況而失望地完賽，「艱困的賽程（It was rough），」他搖頭，但旋即許諾：「這場比賽對我非常重要，明年我肯定會再來！」

對整體賽事有了更完整的了解後，我調整對自己表現的看法，逐漸釋懷。

多年下來，**每一場比賽都讓人學到些什麼，不管是更接近自己以為的極限、面對困境時找出一絲堅持下去的勇氣，或者記取日後可以改進之處，都是無比珍貴的收穫。當情況超過能力所能掌控時，確定盡心盡力之後，不要忘了拍拍自己的肩膀：「你做得很好了。」**

不論如何，這場全馬賽將永遠在我的記憶裡佔有一個特別的位置，最深刻的當屬：目睹海軍陸戰隊動員兩千多名軍人，慎密籌辦這場年度最盛大的軍民活動，從補給、醫療、沿途列隊與你擊掌加油，在在展現出效率而有序的行動力與親和力；作為一名跑者，沒有什麼比得上，當你很掙扎時，一張熱忱的面孔探過來跟你說：「不要放棄，你可以的，一次一里路，只要專注在那一里。」更教人感心了。

此外，當你跟著數萬人一起踏上漫長的42公里時，各自追尋的目標或許不同，但你感到一份暫時如戰友的關係。沿途上，我看到每當有人有需要，一定會有人不加思索地停下來慰問或攙扶他，一定會有人，如35公里處經過我身邊的的那位女跑者，溫柔而堅定地給你一句鼓勵。那份互助無私的精神總讓我能身為跑步世界的一員，深感榮幸。

賽後隔天，清晨散步回旅館時，一位身材渾厚、身穿著昨天因天氣太熱而派不上用場的軍綠跑衣、頸上掛著獎牌項鍊的婦女正好

走出旅館，兩人自然地聊起賽事，她說，跑這一場全馬是她最大的心願之一，這次正好用來慶祝60歲生日；她繼續說：「昨晚，我的腿痛得要命，我跟一起參賽的兒子說，我永遠不要再做這種事（Never Again!）；誰知今早一起床，我不知不覺地又上網開始查看報名的訊息⋯⋯。」

我猛點頭說我也是、我也是，兩人相視，大笑了起來。

全程馬拉松就是這麼地磨身、磨心又迷人啊。

後記：一個跑者的人生

2022年11月7日，第二場全馬訓練後期的這一天，我的運動筆記裡出現了下列字句：

（跑前）「過了幾天罕見、甚至破紀錄的暖天之後，新英格蘭的天氣驟冷，氣溫一下子掉了華氏20度，現在只有華氏49度（約9℃）（加上風速，體感只有約7℃），我的心裡充滿了對冰冷長冬的厭倦，完全沒有出門的動機或動勁。

又，我的左腳踝隱隱地不舒服，背也痠痛。

我不知道自己在幹嘛？為什麼要報名？為什麼要去參賽？我連5英里（約8.05公里）都不想出去跑了，談什麼26英里（約41.84公里）？！

我好累，身心俱疲……。」

（跑完後回來）我繼續寫著：

「5英里（約8.05公里），以10'28"／英里（約06'30"／公里）的均速完成，其中包括前後共2英里（約3.2公里）的慢跑，VO2 Max（最大攝氧量）達女性年齡層極優的程度。

感覺很強壯！全所未有的強壯，即使跑在9:45-10:15／英里（約6'04"至6'22'／公里）之間也不覺得太辛苦，如果26英里內有幾

英里能跑進這個速度，將大大提高達標的可能性，或許我真的可以達到目標。最重要的是，整體感覺極好。」

接著，我在下面這句話劃了底線且標上星星：

★不管一天開始的身心感覺有多糟，出去跑步，跑完，一切就會變好很多很多！

以上的心情變化真真確確地呈現了我的全馬訓練實況，而且，那樣的身心狀態肯定不止一次地出現過，強烈時嚴重地挑戰著我繼續跑下去的信心。

幸好，規律的訓練期給了我密切觀察身心變化的機會，讓我得以不斷地去調整。

幸好，不論過程或結果如何，我並沒有放棄。

回首來時路，我已無法想像若因幾次馬前受挫，而完全放棄馬拉松之夢，我會錯過多少全馬訓練所帶來的特殊經驗——那些與跑友齊步衝刺的跑道訓練；那些背著水袋與補給出門的長跑日；那些從搜尋、閱讀與親身請益菁英跑者所得到的心得與啟發；那些完成一日的訓練與補給後，坐在夏日陽台上，啜飲著一杯冰拿鐵，在訓練表上劃下一個代表完成記號的小勾勾、以及一字一句寫下跑況的滿足與愉悅；那些疲累、破皮、痠疼、抽筋與虛脫；那些挫敗感與自我懷疑；還有，那些跨過終點的淚水與擁抱……

許多陽光明媚的清晨，我迫不及待地跨步而出，投入朝陽與清風的懷抱裡。許多鬱鬱之日，我強迫自己打開大門，上路去。這麼多年之後，第一英里依然最困難：僵滯的腿肌、悶重的心肺、薄弱

的動機、各處明顯或隱約的痠痛；然而，隨著一英里、兩英里過去，筋肌心肺逐漸活絡，心裡開始接受這一天的課表與里數，最終換得，身心又經歷過一場磨練的暢快。

一天又一天，忠誠地綁上鞋帶，我終於意識到：**讓我身心更強壯的，不是任何一場比賽或某一次的訓練，而是每一個早起、風吹日曬的日子，是每一滴汗流，和每一個咬牙向前的腳步。**

我已無法想像，十多年前，若沒有在臨鎮湖邊跨出第一步，數月後沒有參加北方農場的第一場10K和繼之的數十場大小路跑賽，沒有每年數千公里的累積……，如今，我會是一個身心狀態何許不同的中年女子。

一如許多長年跑者，跑步不只是一項單純的嗜好，而是我們生命中極為珍貴的一部分。何其幸運此生能與跑步結緣，而這一路下來，我最深的感謝永遠歸於身旁我最愛也最愛我、照顧與支持我的兩位男士。

海奕是我的最佳啦啦隊、最善於激勵我的跑伴、最貼心的寶貝。我想我永遠無法真切地形容有多麼喜歡和兒子練跑與比賽——同一個跑場上，我們各有自己的速度和目標，但一起經歷著：心肺快撕裂的痛楚、疲累的雙腿、不斷對自己心戰喊話的激勵、感謝自己能跑的體力……；最重要的，不管路程多艱難，我們知道，對方正在終點殷切地等待著。

而另一半，一路走來，這個男人始終是我最強壯的靠山、最安全的港灣。永遠難忘，幾次長跑後，我因補給不足而嚴重耗竭，出現抽筋、發冷、呼吸困難甚至視線模糊等「災難」狀態，一旁的他急切地幫我脫除浸透汗水的衣物，遞鹽水、椰子水、冰塊等，「我還可以為妳做什麼，好讓妳不這麼難受嗎？」強作鎮定中，他的眼

神與語氣充滿了擔憂。

對不起，讓你擔心了。

衷心希望你身邊也有幾位不會給你壓力，只給你鼓勵與支持的人；如果沒有，請記得當自己的最佳啦啦隊。

最後，感謝你和我一起走過這條全馬之路。

Happy running & See you at the finish line!

——2024年初夏，盧秋瑩於波士頓市郊，
「芝加哥馬拉松」訓練期前夕。

01
附錄

跑步&跑馬私房書單推薦

以下是本書裡我提到或閱讀過的一些關於跑馬和跑步的書，它們大多有中文版，英文版讀起來也不難，在此提供給有興趣的讀者做為參考。除此，許多與跑步相關的podcast和網站都有很豐富的資訊，唯一的小提醒：參考服用這些訊息，特別是有關技巧訓練的知識時，切記斟酌個人狀況，最重要的，老話一句：「傾聽身體的聲音。」

- *Choosing to Run* by Des Linden（德斯‧林登／《選擇奔跑》）
- *The Incomplete Book of Running* by Peter Sagal（彼得‧薩加／《不完整的跑步書》）
- *The Longest Race* by Kara Goucher（卡拉‧古徹爾／《最長的一場競賽》）
- *Mastering the Marathon* by Ali Nolan（阿莉‧諾蘭／《精通馬拉松》）
- *Marathon-The Ultimate Training Guide* by Hal Higdon（霍爾‧希格登／《馬拉松終極訓練指南》）
- *The New Rules of Marathon and Half-Marathon Nutrition* by Matt Fitzgerald（麥特‧費茲傑羅／《全馬與半馬的營養新

知》）

- *North: Finding My Way while Running the Appalachian Trail* by Jenny Jurek, Scott Jurek（珍妮和史考特・朱列克／《北方：從跑越阿帕拉契山脈找出我的道路》）

- *Running & Being: The Total Experience* by Dr. George Sheehan（喬治・席漢醫生／《跑步與存在：整體的體驗》

- *Run Forever* by Amby Burfoot（安比・伯傅／《永遠跑下去》）

- *Running past fifty: Advice and Inspiration for Senior Runners* by Gail Waesche Kislevitz（蓋兒・華什・基斯列維茲／《50歲以後的跑步：給長輩跑者的建議和啟發》）

- *Run Fast Cook Fast Eat Slow: Quick-Fix Recipes for Hangry Athletes* by Shalane Flanagan、Elyse Kopecky（沙蘭・弗拉納根和愛麗絲・柯派克基／《跑快煮快慢慢吃：給飢餓運動員的快速食譜》）

- *Run to Finish* by Amanda Brooks（阿曼達・布魯克斯／《跑到終點》）

- *Your first Best Marathon* by Sam Murphy（山姆・墨菲／《你的初全馬》）

- *What I Talk About When I Talk about Running* by Haruki Murakami（村上春樹／《關於跑步，我說的其實是……》）

- *Let your Mind Run* by Deena Kastor, Michelle Hamilton（迪娜・卡斯特和麥克・漢彌爾頓／《讓心奔跑》）

- 盧秋瑩／《跑出最好的自己：一個中年女子以跑步學習愛與堅持的歷程》

02
附錄

英里／公里換算表

英里／公里距離換算表

英里	公里	英里	公里
1	1.61	26	41.84
2	3.22	27	43.45
3	4.83	28	45.06
4	6.44	29	46.67
5	8.05	30	48.28
6	9.66	31	49.89
7	11.27	32	51.50
8	12.87	33	53.11
9	14.48	34	54.72
10	16.09	35	56.33
11	17.70	36	57.94
12	19.31	37	59.55
13	20.92	38	61.16
14	22.53	39	62.76
15	24.14	40	64.37
16	25.75	41	65.98
17	27.36	42	67.59
18	28.97	43	69.20
19	30.58	44	70.81
20	32.19	45	72.42
21	33.80	46	74.03
22	35.41	47	75.64
23	37.01	48	77.25
24	38.62	49	78.86
25	40.23	50	80.47

英里／公里速度換算表

速度 英里／ 每分鐘	速度 公里／ 每分鐘	英里／ 每小時	公里／ 每小時	5公里 （3.1英里） 時間	10公里 （6.21英里） 時間	半馬 （13.1英里／ 21.1公里） 時間	全馬 （26.2英里／ 42.2公里） 時間
0:20:00	0:12:26	3	4.8	1:02:08	2:04:16	4:22:13	8:44:26
0:18:45	0:11:39	3.2	5.1	0:58.15	1:56:30	4:05:50	8:11:40
0:17:39	0:10:58	3.4	5.5	0:54:50	1:49:39	3:51:22	7:42:44
0:16:40	0:10:21	3.6	5.8	0:51:47	1:43:34	3:38:31	7:17:02
0:15:47	0:09:49	3.8	6.1	0:49:03	1:38:07	3:27:01	6:54:02
0:15:00	0:09:19	4	6.4	0:46:36	1:33:12	3:16:40	6:33:20
0:14:17	0:08:53	4.2	6.8	0:44:23	1:28:46	3:07:18	6:14:36
0:13:38	0:08:28	4.4	7.1	0:42:22	1:24:44	2:58:47	5:57:34
0:13:03	0:08:06	4.6	7.4	0:40:31	1:21:03	2:51:01	5:42:01
0:12:30	0:07:46	4.8	7.7	0:38:50	1:17:40	2:43:53	5:27:46
0:12:00	0:07:27	5	8	0:37:17	1:14:34	2:37:20	5:14:40
0:11:32	0:07:10	5.2	8.4	0:35:51	1:11:42	2:31:17	5:02:34
0:11:07	0:06:54	5.4	8.7	0:34:31	1:09:02	2:25:41	4:51:21
0:10:43	0:06:39	5.6	9	0:33:17	1:06:35	2:20:28	4:40:57
0:10:21	0:06:26	5.8	9.3	0:32:08	1:04:17	2:15:38	4:31:16
0:10:00	0:06:13	6	9.7	0:31:04	1:02:08	2:11:07	4:22:13
0:09:41	0:06:01	6.2	10	0:30:04	1:00:08	2:06:53	4:13:46
0:09:22	0:05:50	6.4	10.3	0:29:08	0:58:15	2:02:55	4:05:50
0:09:05	0:05:39	6.6	10.6	0:28:15	0:56:29	1:59:11	3:58:23
0:08:49	0:05:29	6.8	10.9	0:27:25	0:54:50	1:55:41	3:51:22
0:08:34	0:05:20	7	11.3	0:26:38	0:53:16	1:52:23	3:44:46
0:08:20	0:05:11	7.2	11.6	0:25:53	0:51:47	1:49:15	3:38:31
0:08:06	0:05:02	7.4	11.9	0:25:11	0:50:23	1:46:18	3:32:37
0:07:54	0:04:54	7.6	12.2	0:24:32	0:49:03	1:43:30	3:27:01
0:07:42	0:04:47	7.8	12.6	0:23:54	0:47:48	1:40:51	3:21:42
0:07:30	0:04:40	8	12.9	0:23:18	0:46:36	1:38:20	3:16:40
0:07:19	0:04:33	8.2	13.2	0:22:44	0:45:28	1:35:56	3:11:52
0:07:09	0:04:26	8.4	13.5	0:22:12	0:44:23	1:33:39	3:07:18

速度 英里／ 每分鐘	速度 公里／ 每分鐘	英里／ 每小時	公里／ 每小時	5公里 (3.1英里) 時間	10公里 (6.21英里) 時間	半馬 (13.1英里／ 21.1公里) 時間	全馬 (26.2英里／ 42.2公里) 時間
0:06:59	0:04:20	8.6	13.8	0:21:41	0:43:21	1:31:28	3:02:57
0:06:49	0:04:14	8.8	14.2	0:21:11	0:42:22	1:29:24	2:58:47
0:06:40	0:04:09	9	14.5	0:20:43	0:41:25	1:27:24	2:54:49
0:06:31	0:04:03	9.2	14.8	0:20:16	0:40:31	1:25:30	2:51:01
0:06:23	0:03:58	9.4	15.1	0:19:50	0:39:40	1:23:41	2:47:22
0:06:15	0:03:53	9.6	15.4	0:19:25	0:38:50	1:21:57	2:43:53
0:06:07	0:03:48	9.8	15.8	0:19:01	0:38:03	1:20:16	2:40:33
0:06:00	0:03:44	10	16.1	0:18:38	0:37:17	1:18:40	2:37:20
0:05:53	0:03:39	10.2	16.4	0:18:17	0:36:33	1:17:07	2:34:15
0:05:46	0:03:35	10.4	16.7	0:17:55	0:35:51	1:15:38	2:31:17
0:05:40	0:03:31	10.6	17.1	0:17:35	0:35:10	1:14:13	2:28:26
0:05:33	0:03:27	10.8	17.4	0:1716	0:34:31	1:12:50	2:25:41
0:05:27	0:03:23	11	17.7	0:16:57	0:33:54	1:11:31	2:23:02
0:05:21	0:03:20	11.2	18	0:16:39	0:33:17	1:10:14	2:20:28
0:05:16	0:03:16	11.4	18.3	0:16:21	0:32:42	1:09:00	2:18:01
0:05:10	0:03:13	11.6	18.7	0:16:04	0:32:08	1:07:49	2:15:38
0:05:05	0:03:10	11.8	19	0:15:48	0:31:36	1:06:40	2:13:20
0:05:00	0:03:06	12	19.3	0:15:32	0:31:04	1:05:33	2:11:07
0:04:55	0:03:03	12.2	19.6	0:15:17	0:30:34	1:04:28	2:08:57
0:04:50	0:03:00	12.4	20	0:15:02	0:30:04	1:03:26	2:06:52
0:04:46	0:02:58	12.6	20.3	0:14:48	0:29:35	1:02:26	2:04:51
0:04:41	0:02:55	12.8	20.6	0:14:34	0:29:08	1:01:27	2:02:54
0:04:37	0:02:52	13	21	0:14:20	0:28:41	1:00:30	2:01:01
0:04:33	0:02:49	13.2	21.2	0:14:07	0:28:15	0:59:35	1:59:11
0:04:29	0:02:47	13.4	21.6	0:13:55	0:27:49	0:58:42	1:57:24
0:04:25	0:02:44	13.6	21.9	0:13:42	0:27:25	0:57:50	1:55:40
0:04:21	0:02:42	13.8	22.2	0:13:30	0:27:01	0:57:00	1:54:00
0:04:17	0:02:40	14	22.5	0:13:19	0:26:38	0:56:11	1:52:22

釀生活47　PE0215

 十年，一場全馬夢：

3次受挫、20週密集訓練，一個中年女子的全馬完賽實錄

作　　者	盧秋瑩
責任編輯	陳彥儒
圖文排版	黃莉珊
封面設計	張家碩

出版策劃　釀出版
製作發行　秀威資訊科技股份有限公司
　　　　　114 台北市內湖區瑞光路76巷65號1樓
　　　　　電話：+886-2-2796-3638　傳真：+886-2-2796-1377
　　　　　服務信箱：service@showwe.com.tw
　　　　　http://www.showwe.com.tw
郵政劃撥　19563868　戶名：秀威資訊科技股份有限公司
展售門市　國家書店【松江門市】
　　　　　104 台北市中山區松江路209號1樓
　　　　　電話：+886-2-2518-0207　傳真：+886-2-2518-0778
網路訂購　秀威網路書店：https://store.showwe.tw
　　　　　國家網路書店：https://www.govbooks.com.tw
法律顧問　毛國樑　律師
總 經 銷　聯合發行股份有限公司
　　　　　231新北市新店區寶橋路235巷6弄6號4F
　　　　　電話：+886-2-2917-8022　傳真：+886-2-2915-6275

出版日期　2024年06月　BOD一版
定　　價　420元

版權所有・翻印必究（本書如有缺頁、破損或裝訂錯誤，請寄回更換）
Copyright © 2024 by Showwe Information Co., Ltd.
All Rights Reserved

Printed in Taiwan

讀者回函卡

國家圖書館出版品預行編目

十年,一場全馬夢:3次受挫、20週密集訓練,
  一個中年女子的全馬完賽實錄 / 盧秋瑩著. --
  一版. -- 臺北市:釀出版, 2024.06
    面; 公分. -- (釀生活;47)
  BOD版
  ISBN 978-986-445-945-2 (平裝)

  1.CST: 馬拉松賽跑 2.CST: 運動訓練
  3.CST: 自我實現

528.9468   113006824